史前遺物
新石器
黑陶文化
彩陶文化
舊石器
中期
早期
河套
橫山
汾水
太行山
黃河
北平
周口店
旅順
龍山
日照
安陽
慶陽
芮城
陝
仰韶
渭水
西安
藍田
秦嶺
淅川
漢水
桐柏山
武當山
京山
大別山
長江
長陽
曲江
北江
西江

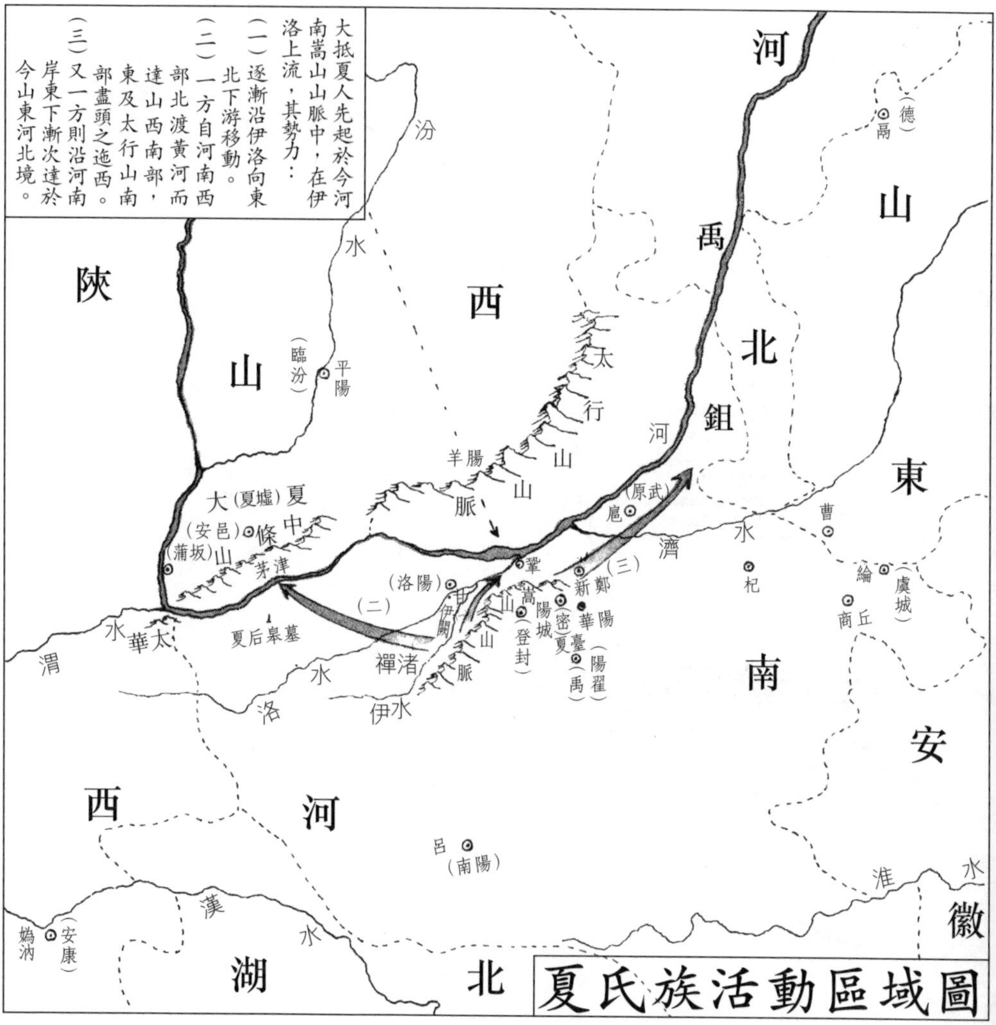
大抵夏人先起於今河南嵩山山脈中，在伊洛上流，其勢力：
（一）逐漸沿伊洛向東北下游移動。
（二）一方自河南西部北渡黃河而達山西南部，東及太行山南部盡頭之迤西。
（三）又一方則沿河南岸東下漸次達於今山東河北境。
陝
西
山
西
河
北
山
東
河
南
安
徽
湖
北
西
河
汾水
平陽
（臨汾）
太行山
羊腸山脈
禹河
鉏
河
（原武）
扈
濟水
曹
杞
綸
（虞城）
商丘
高
（德）
大（夏墟）夏
中條山
（安邑）
（蒲坂）
茅津
（洛陽）
（二）
（三）
夏后皋墓
太華
渭水
洛水
伊水
禪渚
甘
伊闕
鞏
嵩山山脈
（登封）
陽城
（密）
新鄭
華陽
夏臺
（禹）
（陽翟）
呂
（南陽）
漢水
嬀汭
（安康）
淮水

夏氏族活動區域圖

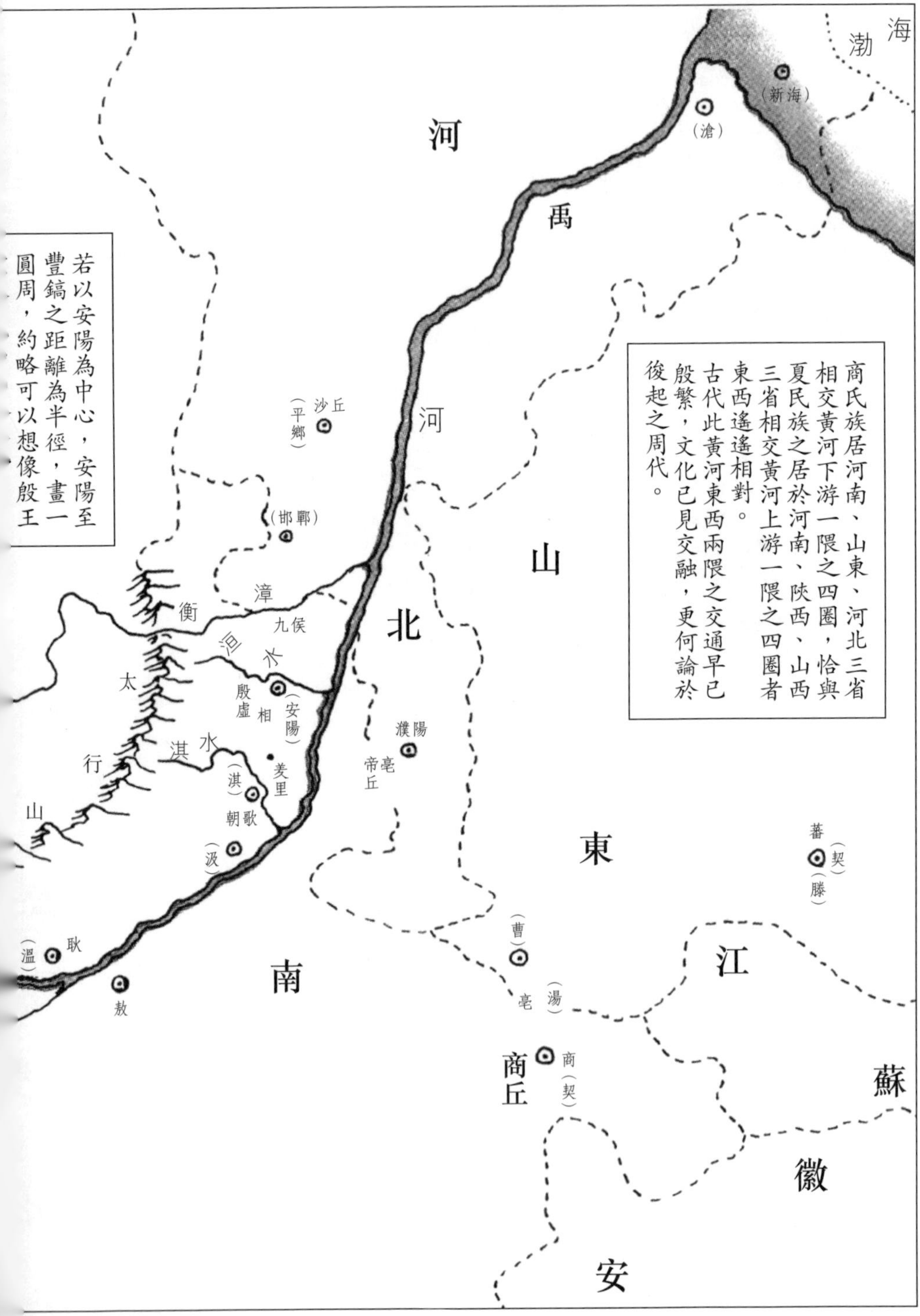
商氏族居河南、山東、河北三省相交黃河下游一隈之四圈，恰與夏民族之居於河南、陝西、山西三省相交黃河上游一隈之四圈者東西遙遙相對。古代此黃河東西兩隈之交通早已殷繁，文化已見交融，更何論於後起之周代。
若以安陽為中心，安陽至豐鎬之距離為半徑，畫一圓周，約略可以想像殷王
渤海
（新海）
（滄）
河北
禹河
沙丘
（平鄉）
（邯鄲）
漳
衡
洹水
九侯
殷虛
相
（安陽）
太行山
淇水
羑里
（淇）
朝歌
（汲）
耿
（溫）
敖
濮陽
帝丘
亳
山東
蕃
（契）
（滕）
（曹）
亳
（湯）
商丘
商
（契）
河南
江蘇
安徽

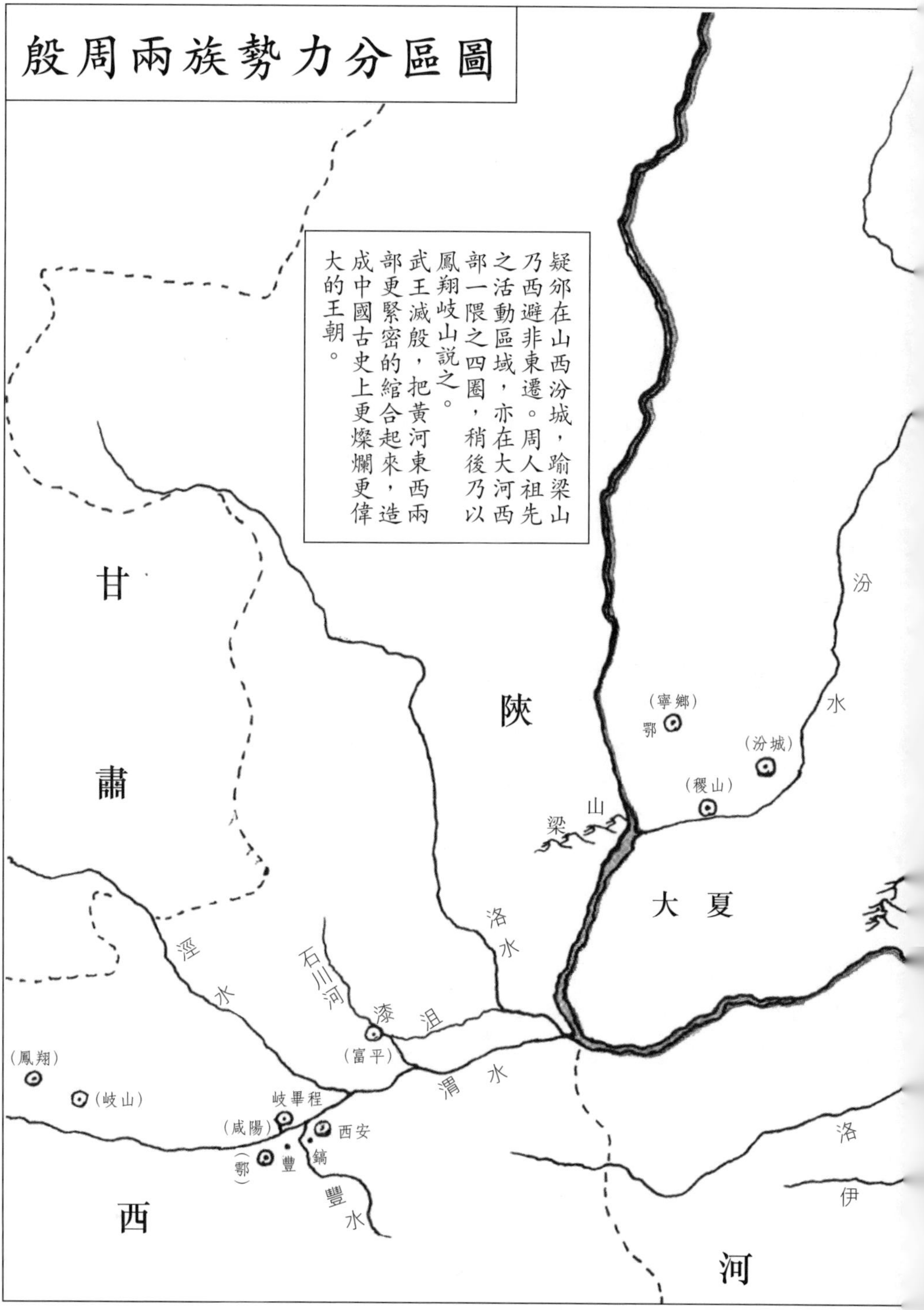
殷周兩族勢力分區圖
疑邠在山西汾城，踰梁山乃西避非東遷。周人祖先之活動區域，亦在大河西部一隈之四圈，稍後乃以鳳翔岐山說之。
武王滅殷，把黃河東西兩部更緊密的縮合起來，造成中國古史上更燦爛更偉大的王朝。
甘
肅
陝
西
河
汾
水
(寧鄉)
鄠
(汾城)
(稷山)
梁
山
大
夏
洛
水
涇
水
石川河
漆
沮
(富平)
渭
水
(鳳翔)
(岐山)
岐畢程
(咸陽)
西安
(鄠)
豐
鎬
豐
水
洛
伊

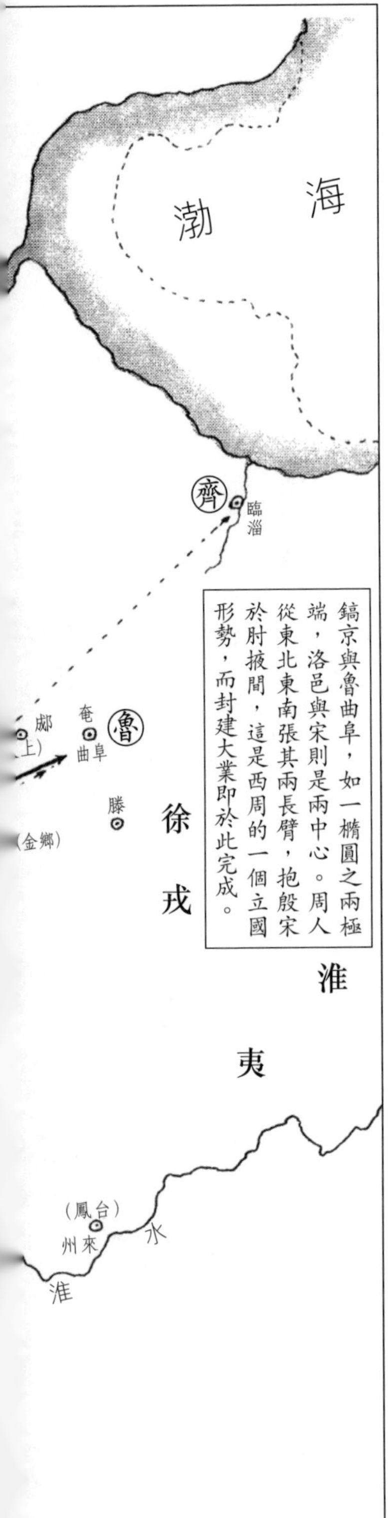
渤海
齊
臨淄
鎬京與魯曲阜，如一橢圓之兩極端，洛邑與宋則是兩中心。周人從東北東南張其兩長臂，抱殷宋於肘掖間，這是西周的一個立國形勢，而封建大業即於此完成。
郲
上）
奄
曲阜
魯
滕
徐戎
(金鄉)
淮夷
(鳳台)
州來
水
淮

周初封建圖

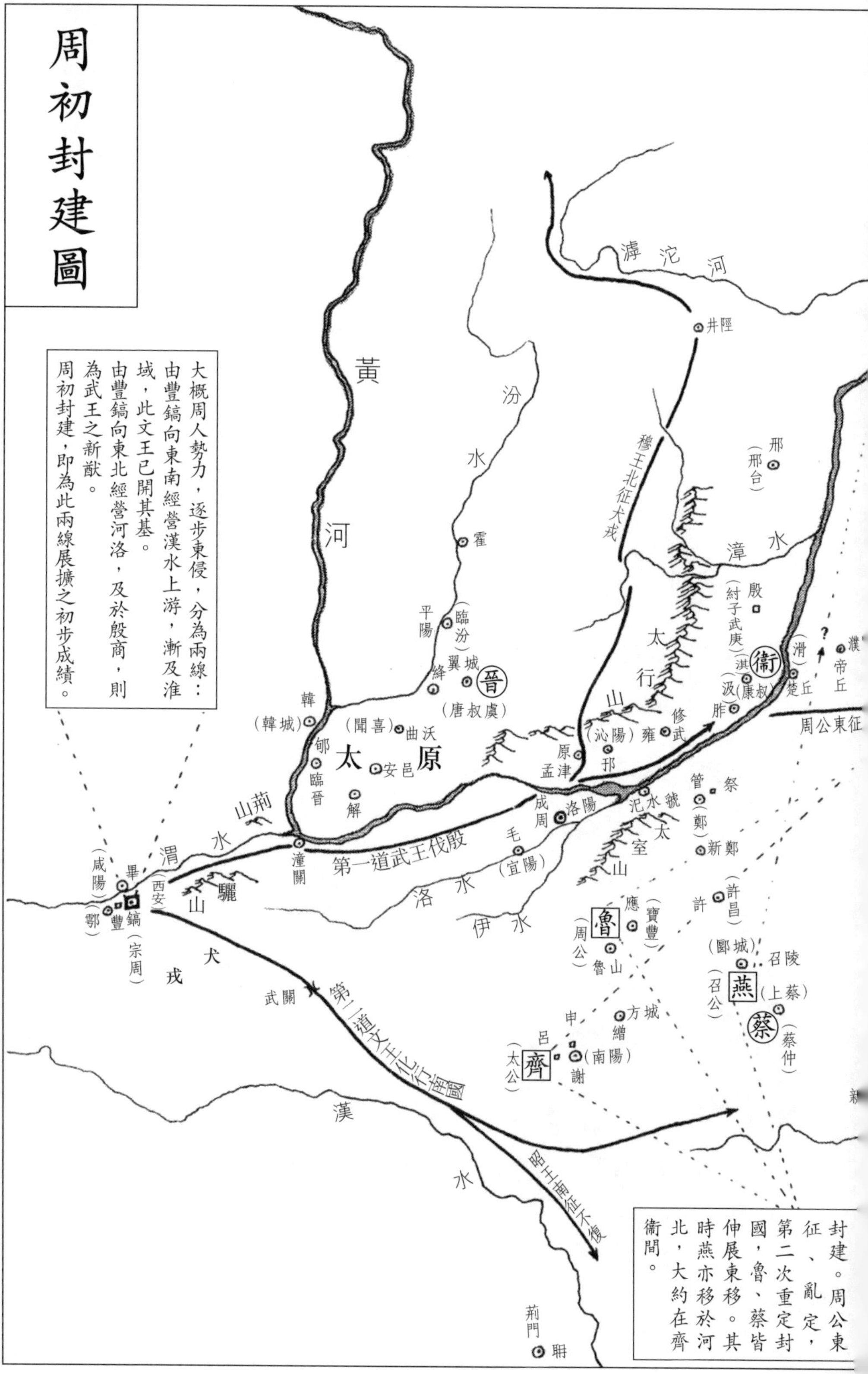

黃河
汾水
滹沱河
井陘
穆王北征犬戎
邢（邢台）
漳水
殷（紂子武庚）
太行山
衛（康叔）
淇
汲
胙
滑
楚丘
濮
帝丘
周公東征
霍
平陽（臨汾）
翼城
晉（唐叔虞）
絳
韓（韓城）
（聞喜）
曲沃
郇
臨晉
太原
安邑
解
原
孟津
（沁陽）
邘
雍
修武
荊山
渭水
潼關
第一道武王伐殷
成周
洛陽
汜水
虢
管
祭
（鄭）
新鄭
太室山
毛（宜陽）
洛水
伊水
畢（咸陽）
（西安）
豐（鄠）
鎬（宗周）
驪山
犬戎
武關
第二道文王化行南國
魯（周公）
魯山
應（寶豐）
許（許昌）
（郾城）
召陵
燕（召公）
（上蔡）
蔡（蔡仲）
申
呂
方城
繒（南陽）
謝
齊（太公）
漢水
昭王南征不復
荊門
那

大概周人勢力，逐步東侵，分為兩線：由豐鎬向東南經營漢水上游，漸及淮域，此文王已開其基。由豐鎬向東北經營河洛，及於殷商，則為武王之新猷。周初封建，即為此兩線展擴之初步成績。

封建。周公東征、亂定，第二次重定封國，魯、蔡皆伸展東移。其時燕亦移於河北，大約在齊衛間。

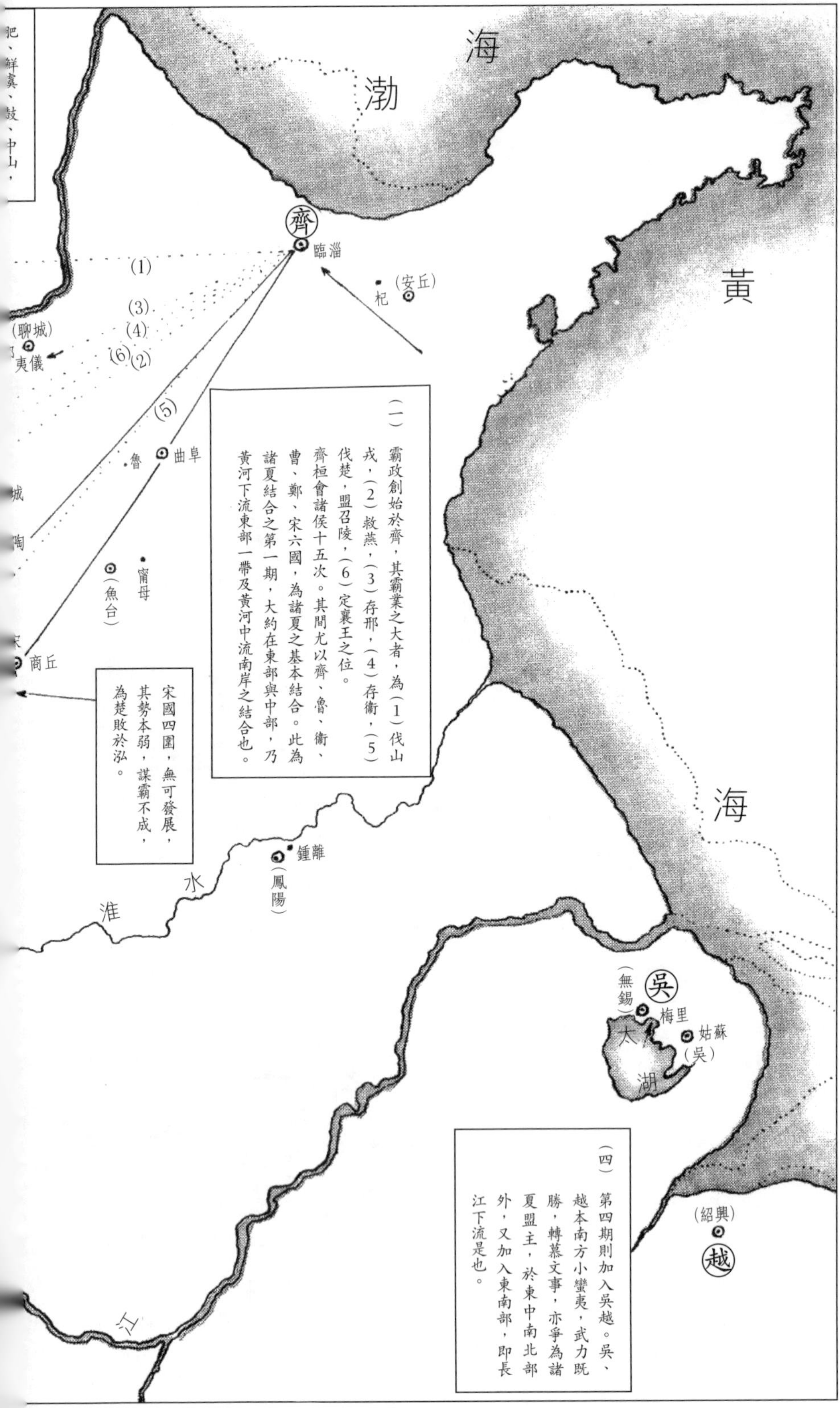

鮮虞、鼓、中山，
渤
海
齊
臨淄
杞
(安丘)
黃
(1)
(3)
(4)
(6)
(2)
(5)
(聊城)
夷儀
魯
曲阜
城
陶
甯母
(魚台)
宋
商丘
(一) 霸政創始於齊，其霸業之大者，為(1)伐山戎，(2)救燕，(3)存邢，(4)存衛，(5)伐楚，盟召陵，(6)定襄王之位。齊桓會諸侯十五次。其間尤以齊、魯、衛、曹、鄭、宋六國，為諸夏之基本結合。此為諸夏結合之第一期，大約在東部與中部，乃黃河下流東部一帶及黃河中流南岸之結合也。
宋國四圍，無可發展，其勢本弱，謀霸不成，為楚敗於泓。
海
鍾離
(鳳陽)
淮
水
吳
(無錫)
梅里
姑蘇
(吳)
太
湖
(四) 第四期則加入吳越。吳、越本南方小蠻夷，武力既勝，轉慕文事，亦爭為諸夏盟主，於東中南北部外，又加入東南部，即長江下流是也。
(紹興)
越
江

春秋霸政圖

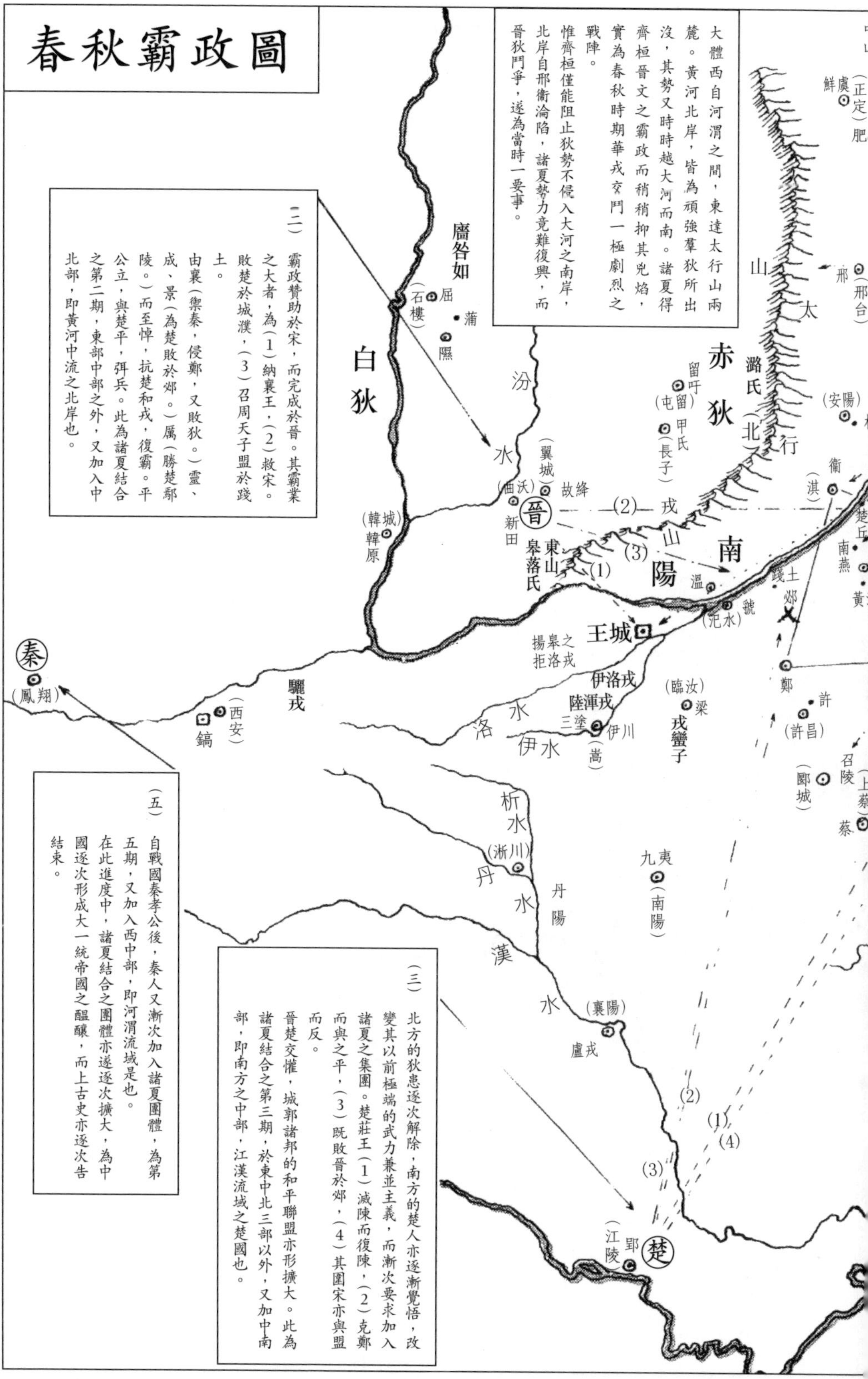

大體西自河渭之間，東達太行山兩麓。黃河北岸，皆為頑強羣狄所出沒，其勢又時時越大河而南。諸夏得齊桓晉文之霸政而稍稍抑其兇焰，實為春秋時期華戎交鬥一極劇烈之戰陣。

惟齊桓僅能阻止狄勢不侵入大河之南岸，北岸自邢衛淪陷，諸夏勢力竟難復興，而晉狄鬥爭，遂為當時一要事。

(二) 霸政贊助於宋，而完成於晉。其霸業之大者，為(1)納襄王，(2)救宋。敗楚於城濮，(3)召周天子盟於踐土。

由襄(禦秦，侵鄭，又敗狄。)靈、成、景(為楚敗於邲。)厲(勝楚鄢陵。)而至悼，抗楚和戎，復霸。平公立，與楚平，弭兵。此為諸夏結合之第二期，東部中部之外，又加入中北部，即黃河中流之北岸也。

(三) 北方的狄患逐次解除，南方的楚人亦逐漸覺悟，改變其以前極端的武力兼並主義，而漸次要求加入諸夏之集團。楚莊王(1)滅陳而復陳，(2)克鄭而與之平，(3)既敗晉於邲，(4)其圍宋亦與盟而反。

晉楚交權，城郭諸邦的和平聯盟亦形擴大。此為諸夏結合之第三期，於東中北三部以外，又加中南部，即南方之中部，江漢流域之楚國也。

(五) 自戰國秦孝公後，秦人又漸次加入諸夏團體，為第五期，又加入西中部，即河渭流域是也。

在此進度中，諸夏結合之團體亦遂逐次擴大，為中國逐次形成大一統帝國之醞釀，而上古史亦逐次告結束。

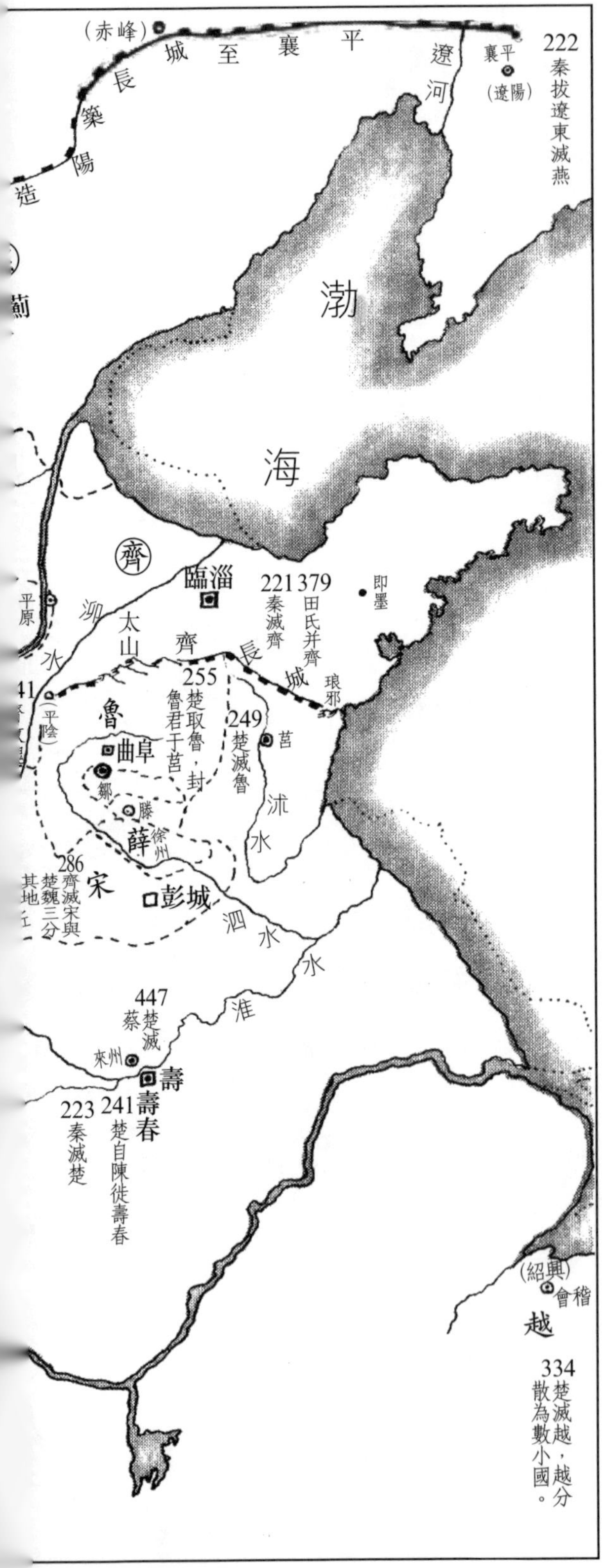
(赤峰)
造陽築長城至襄平
遼河
襄平
(遼陽)
222 秦拔遼東滅燕
渤海
齊
臨淄
221 秦滅齊
379 田氏并齊
即墨
平原
泲水
太山
齊長城
琅邪
255 楚取魯，魯君于莒，封
249 楚滅魯
莒
魯
曲阜
鄒
滕
薛
徐州
沭水
(平陰)
286 齊滅宋與楚魏三分其地
宋
彭城
泗水
淮水
447 楚滅蔡
州來
壽
壽春
223 秦滅楚
241 楚自陳徙壽春
(紹興)
會稽
越
334 楚滅越，越分散為數小國。

戰國鬥爭圖

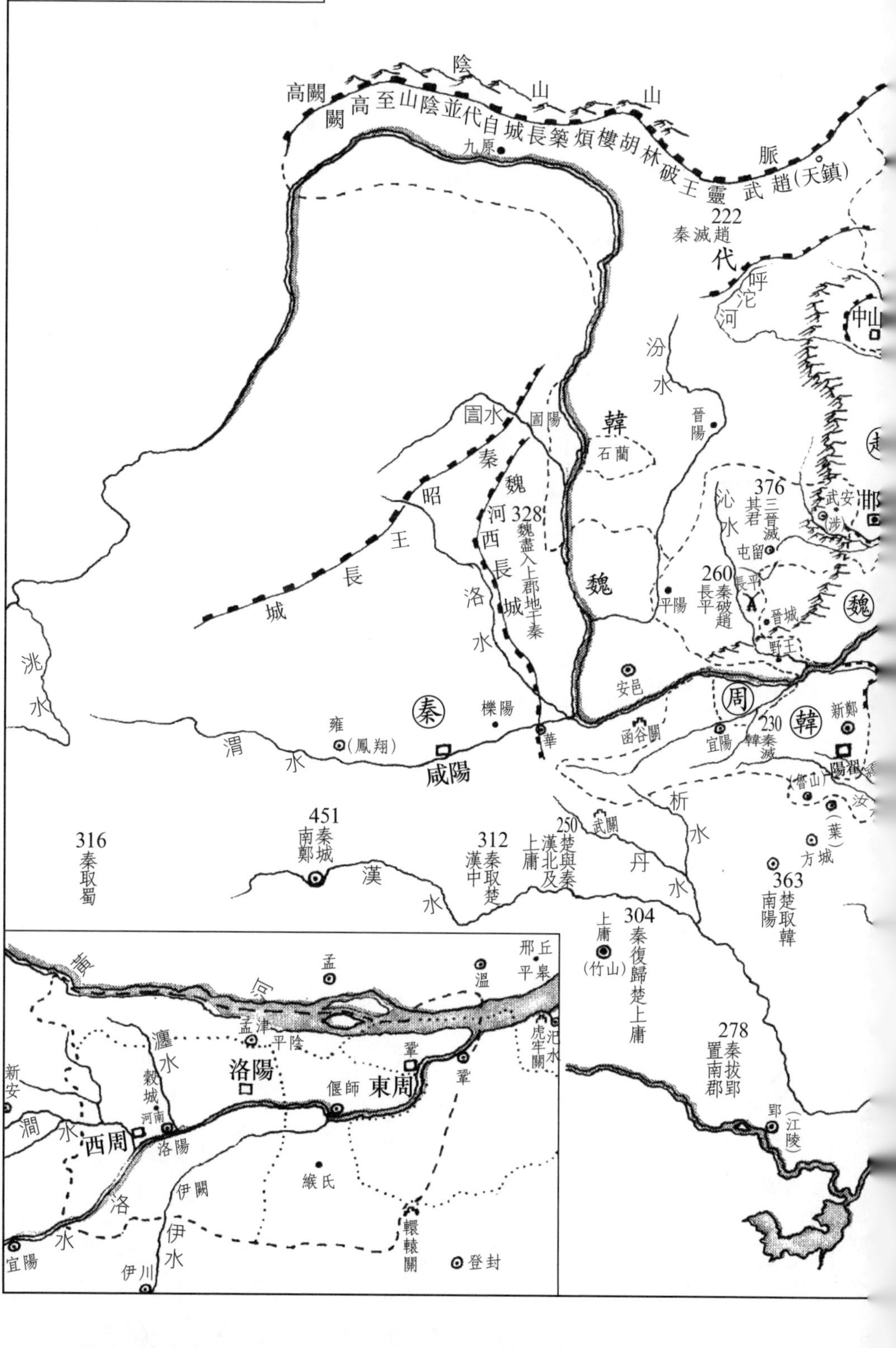

陰山
高闕
高闕至山陰並代自城長築煩樓胡林破王靈武趙
九原
脈
(天鎮)
222
秦滅趙
代
呼沱河
中山
汾水
晉陽
韓
石蘭
圁水
圁陽
秦
魏
昭王長城
河西
328
魏盡入上郡地于秦
長城
洛水
376
三晉滅其君
沁水
武安
涉
屯留
260
秦破趙長平
長平
平陽
晉城
魏
趙
野王
洮水
安邑
周
韓
新鄭
陽翟
230
秦滅韓
秦
櫟陽
雍
(鳳翔)
渭水
咸陽
華
函谷關
宜陽
(魯山)
汝
(葉)
方城
析水
丹水
451
秦南鄭城
316
秦取蜀
312
秦取漢中
250
楚與秦漢北及上庸
武關
漢水
363
楚取韓南陽
上庸
(竹山)
304
秦復歸楚上庸
278
秦拔郢置南郡
郢
(江陵)
黃河
孟
溫
邢丘
平皋
孟津
平陰
瀍水
新安
穀城
河南
洛陽
鞏
虎牢關
汜水
東周
偃師
澗水
西周
洛陽
緱氏
伊闕
洛水
伊水
轘轅關
登封
宜陽
伊川

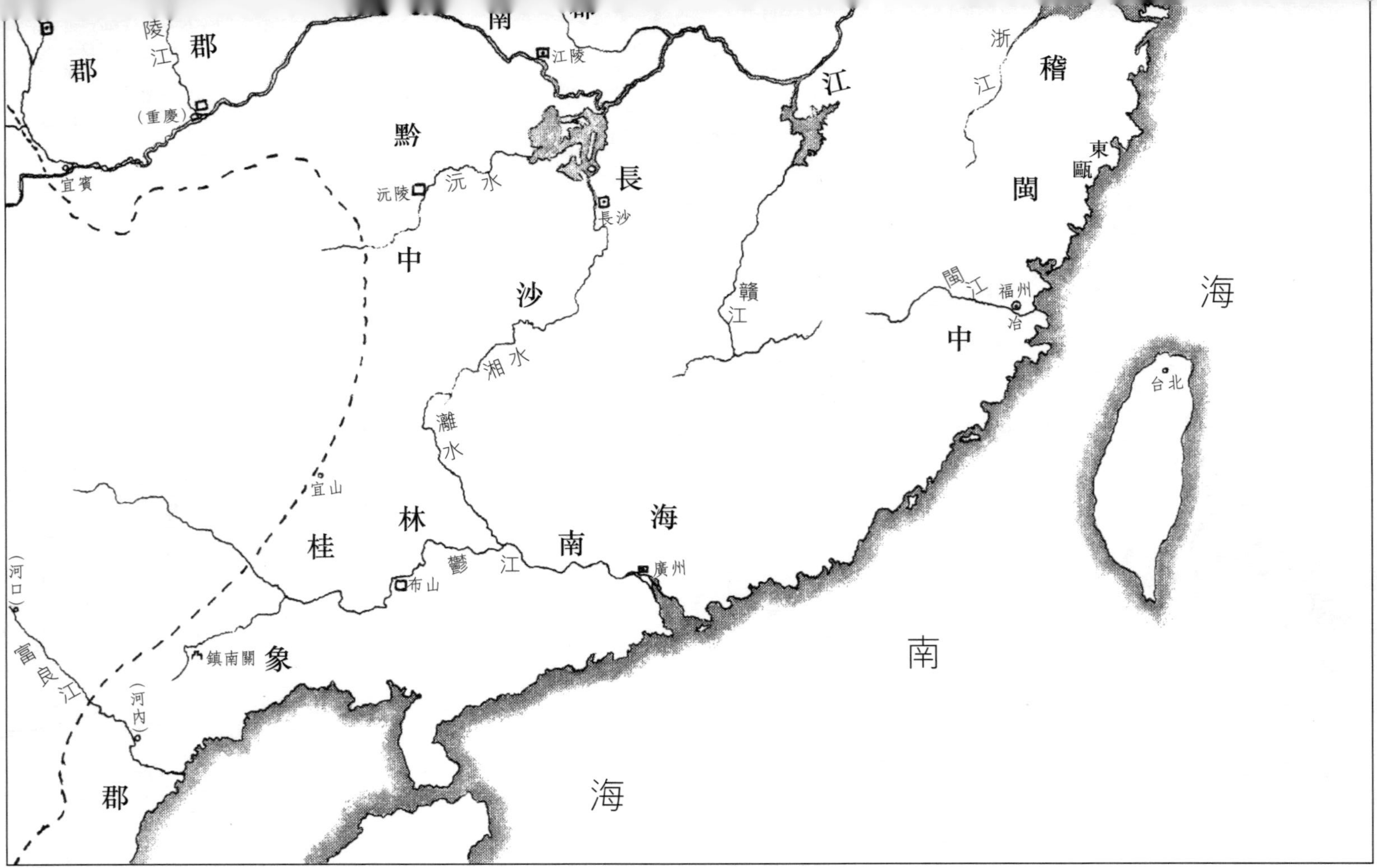
郡
陵
江
郡
(重慶)
宜賓
黔
沅陵
沅水
長
長沙
江陵
江
稽
浙
江
東
甌
閩
閩江
福州
冶
中
海
台北
贛
江
中
沙
湘水
灕水
宜山
林
桂
海
南
廣州
布山
鬱江
象
鎮南關
(河口)
富良江
(河內)
郡
南
海

秦代版圖

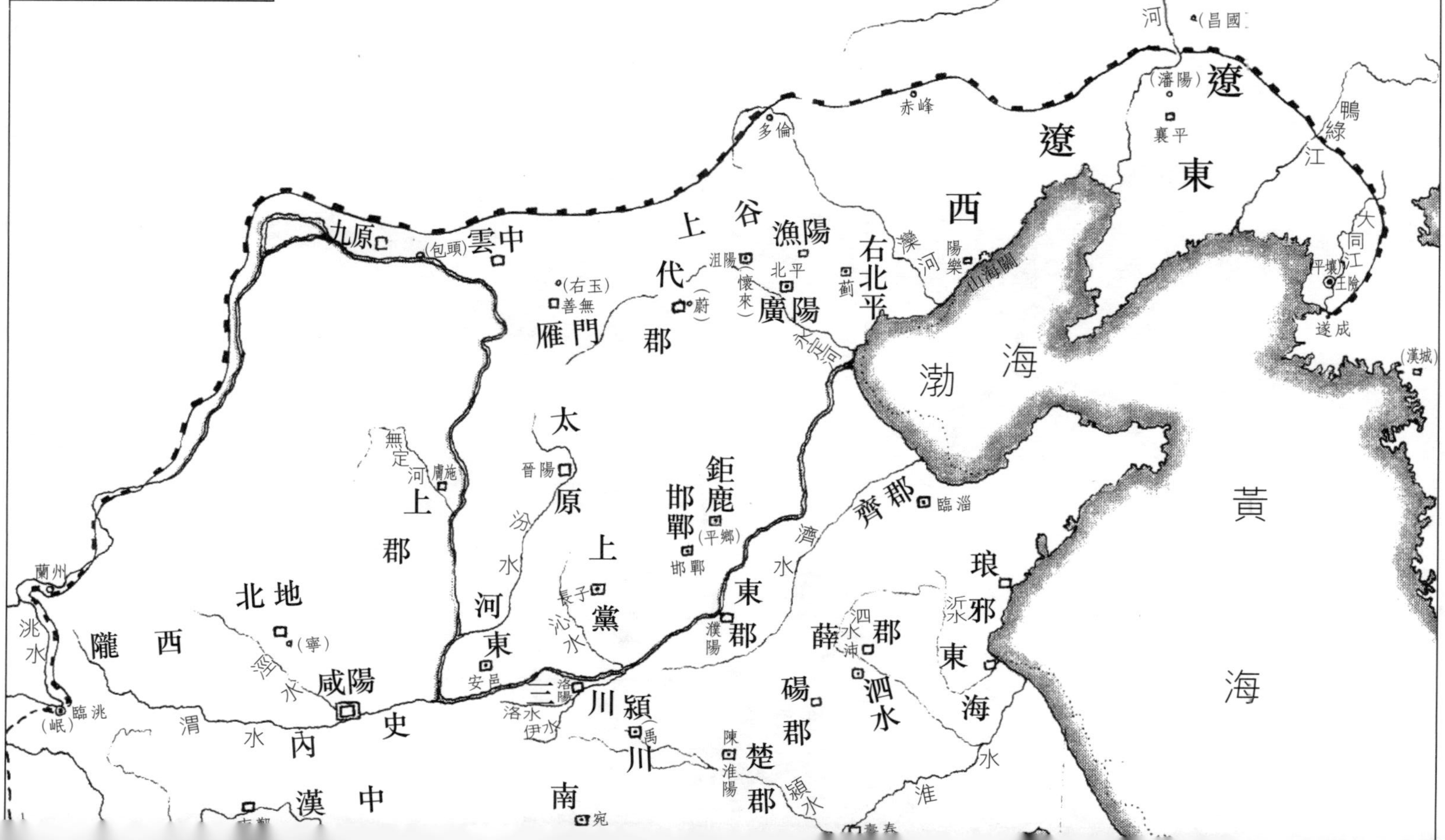

(長春)
遼河
(樺甸)
(昌國)
(瀋陽)
遼東
襄平
赤峰
遼西
鴨綠江
多倫
大同江
(平壤)
王險
遂成
(漢城)
上谷
漁陽
右北平
陽樂
灤河
山海關
九原
(包頭)
雲中
沮陽
(懷來)
北平
薊
廣陽
(右玉)
善無
代
(蔚)
雁門
代郡
渤海
太原
晉陽
無定河
膚施
上郡
汾水
上黨
長子
鉅鹿
(平鄉)
邯鄲
邯鄲
齊郡
臨淄
黃海
濟水
琅邪
東郡
濮陽
沭水
泗水
薛郡
沛
郯
東海
碭郡
泗水
蘭州
北地
(寧)
河東
安邑
沁水
隴西
洮水
涇水
咸陽
三川
洛陽
洛水
伊水
潁川
(禹)
臨洮
(岷)
渭水
內史
陳
淮陽
楚郡
潁水
淮水
漢中
南郡
宛

楚漢之際，冒頓大破滅東胡，西擊走月氏，南并樓煩、白羊河南王，悉復蒙恬所奪地，與漢關故河南塞，至朝那、膚施，遂侵燕代。

漢擊匈奴，采用兩種步驟：一是遠出東西兩翼，造成大包圍形勢，以絕其經濟上之供給與援助；一是正面打擊其主力。

① 武帝元朔二年（前一二七）衛青出雲中至高闕，取河南地築朔方郡，復蒙恬故塞，因河為固。

② 元狩二年（前一二一）霍去病出隴西擊匈奴。渾邪王殺休屠王降漢，漢遂以其地為武威酒泉郡。

③ 開塞出擊之進一步，則為絕漠遠征。元狩四年衛青出定襄，追單于至寘顏山趙信城。霍去病出代二千里，封狼居胥山，禪姑衍、臨瀚海而還。

④ 元封三年（前一〇八）拔朝鮮濊貉開樂浪、臨屯、玄菟、真番四郡。宣帝時，匈奴終於屈服，而漢廷一勞永逸之戰略卒以見效。

漢匈奴對峙形勢圖

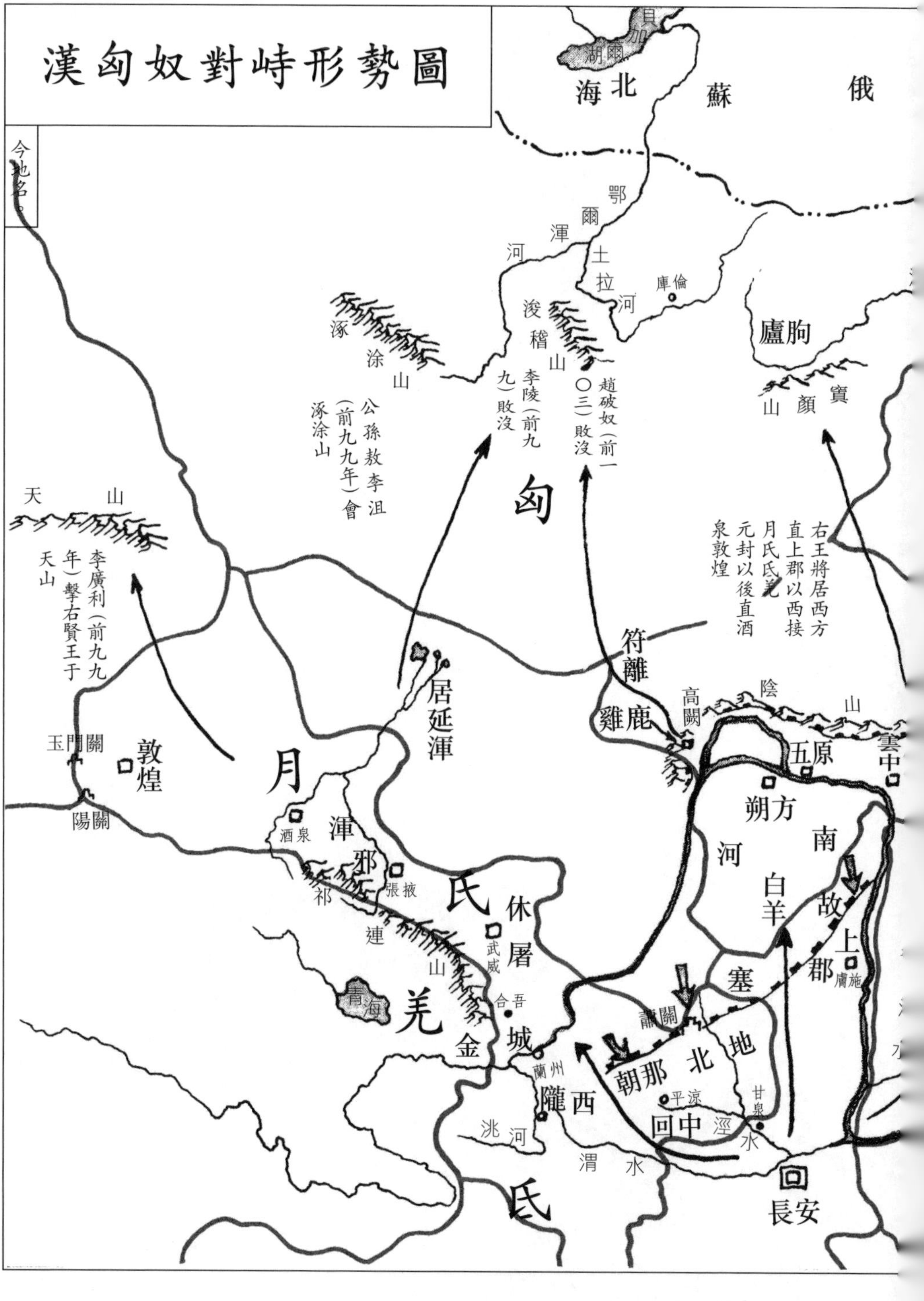
今地名。
貝加爾湖
北海
蘇
俄
鄂爾渾河
土拉河
庫倫
浚稽山
涿涂山
臚朐
寘顏山
趙破奴（前一〇三）敗沒
李陵（前九九）敗沒
公孫敖李沮（前九九年）會涿涂山
天山
李廣利（前九九年）擊右賢王于天山
匈
右王將居西方直上郡以西接月氏氐羌
元封以後直酒泉敦煌
符離
雞鹿
高闕
陰山
居延澤
玉門關
陽關
敦煌
月
酒泉
渾邪
張掖
祁連山
五原
雲中
朔方
河南
白羊
故上郡
膚施
氐
休屠
武威
青海
羌
合吾
金城
蘭州
塞
蕭關
北地
朝那
隴西
平涼
甘泉
回中
涇水
洮河
渭水
長安
氐

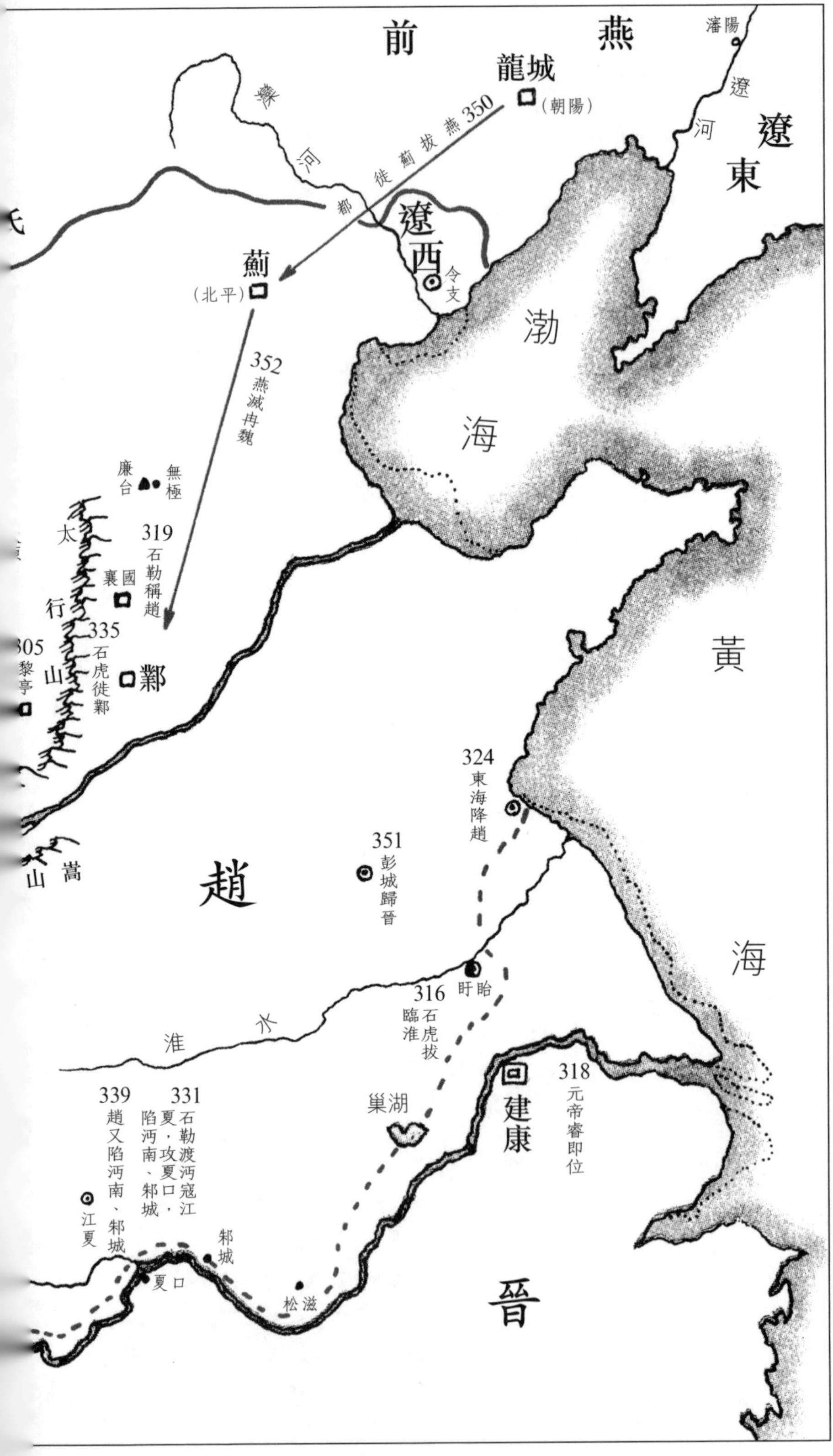

前燕
龍城
(朝陽)
瀋陽
遼河
遼東
灤河
350 燕拔薊徙都
遼西
令支
薊
(北平)
352 燕滅冉魏
渤海
廉台
無極
太行山
319 石勒稱趙
襄國
335 石虎徙鄴
鄴
305 黎亭
黃海
324 東海降趙
351 彭城歸晉
趙
嵩山
盱眙
316 石虎拔臨淮
淮水
巢湖
建康
318 元帝睿即位
339 趙又陷沔南、邾城
331 石勒渡沔寇江夏，攻夏口，陷沔南、邾城
江夏
邾城
夏口
松滋
晉

五胡十六國圖
(一) 晉趙蜀三國鼎立期
公元 304–352 年
東晉國都
十六國都
郡・縣
要地
今縣市或加( )
居延海
前
涼
345年張駿據河西稱涼。
376年苻秦滅涼。
張氏盛時，南逾河湟，東及秦隴，西抵葱嶺，北有居延。
姑臧
(武威)
青海
吐
谷
渾
湟水
蘭州
金城
隴西
隴山
渭水
朔方
前趙僅二十七年，劉淵父子未得秦涼，劉曜又失平陽以東。盛時東不過太行，南不越嵩洛，西不踰隴坻，北不出汾晉。
後趙盛時，南踰淮漢，東濱於海，西及河西，北盡北代；幾乎統一北方。
304 劉淵稱漢
308 蒲子
赤壁
長安
316 劉曜陷長安，愍帝出降。
319 漢改稱趙
350 苻健入長安稱秦
洛
後
武都
仇池
296–551
陰平
漢中
漢水
成
漢
成都
304–347
晉桓溫滅漢
岷江
巴東
東

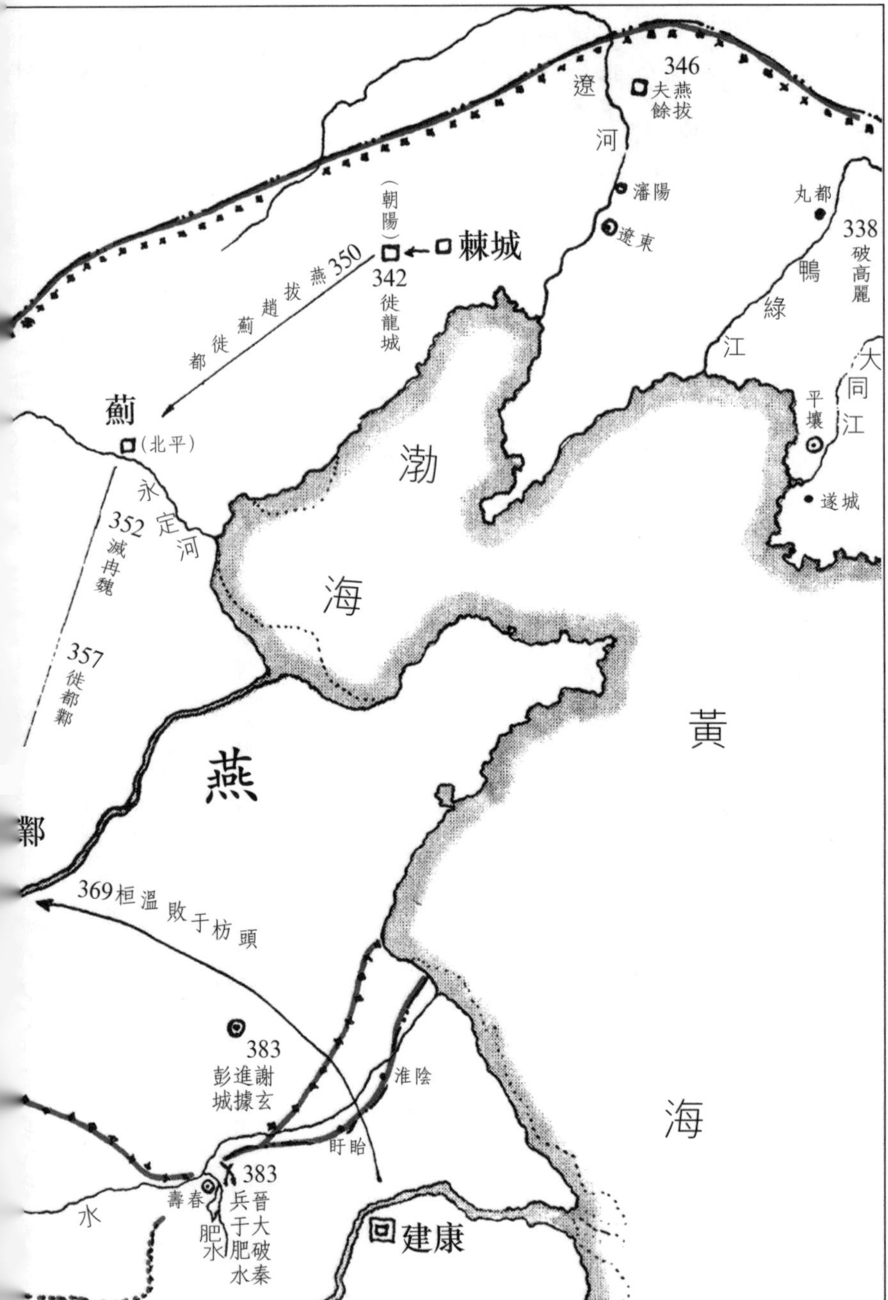
346
夫餘
燕拔
遼河
瀋陽
遼東
(朝陽)
棘城
342
徙龍城
350 燕拔趙薊徙都
薊
(北平)
丸都
338
破高麗
鴨綠江
大同江
平壤
遂城
渤海
永定河
352
滅冉魏
357
徙都鄴
黃海
燕
鄴
369 桓溫敗于枋頭
383
謝玄進據彭城
淮陰
盱眙
383
晉大破秦兵于肥水
壽春
肥水
水
建康
郕城
松滋
晉

五胡十六國圖

（二）燕秦分據及苻秦全盛期

公元 354–383 年

居延海
376
秦克姑臧盡取河西地至于高昌
前秦盛時，南至邛僰，北盡大磧，東抵淮泗，西極西域。東夷、西域朝秦者六十二國，在十六國中最為強盛。
姑臧
青海
前
秦
前
盛樂
376
代秦地定
朔方
雲中
上郡
姚萇執苻堅于五將山
長安
醴泉
渭
水
350–394
354
桓溫軍霸上
陝
洛陽
洛水
372
秦取仇池
南鄭
373
秦取漢中梁益盡沒邛筰夜郎悉附于秦
漢
水
384
晉復取之
379
陷于秦
襄陽
岷
江
成都
東
上明

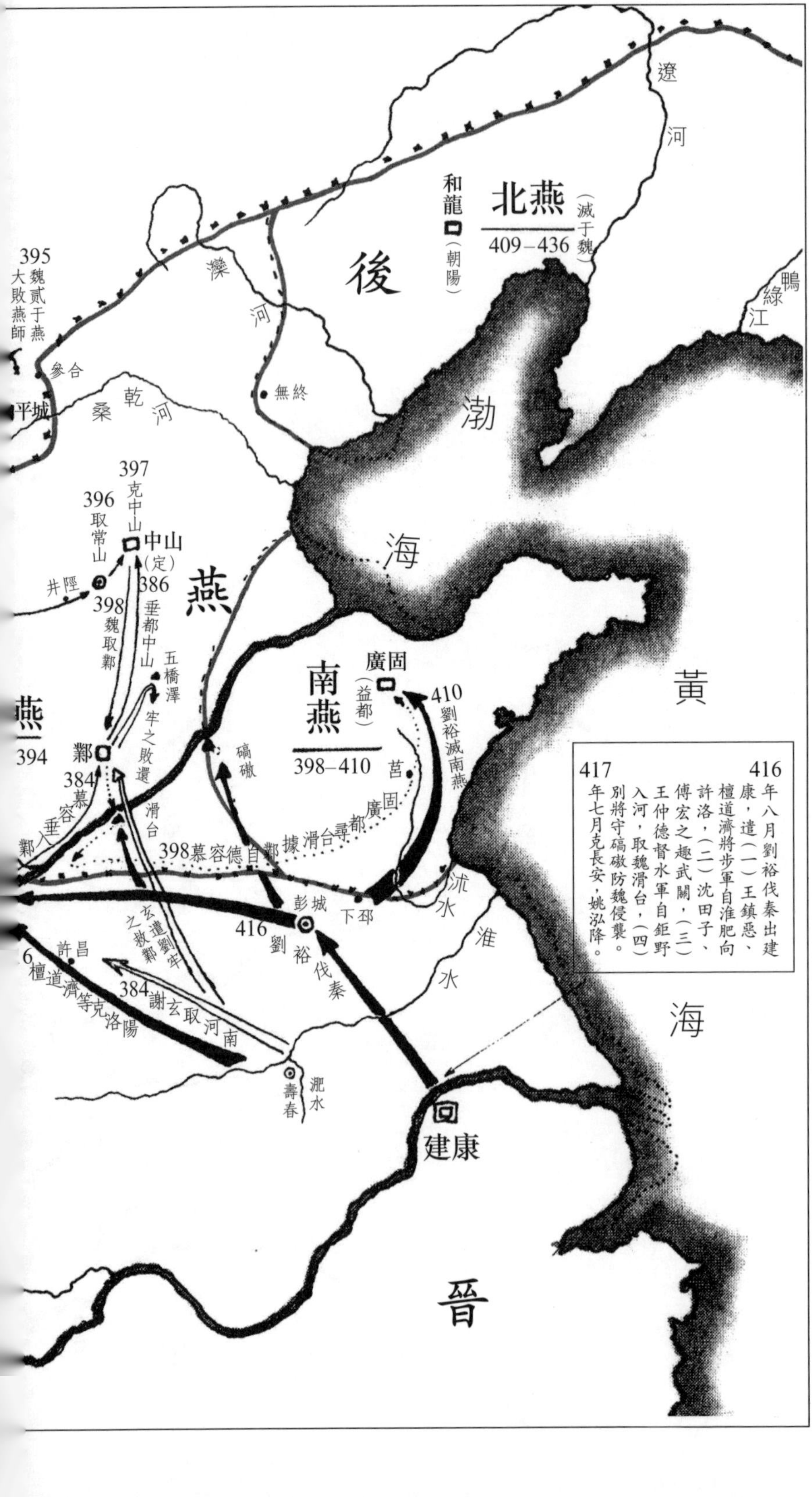

遼河
鴨綠江
和龍
(朝陽)
北燕
409–436
(滅于魏)
後
395
魏貳于燕
大敗燕師
參合
平城
灤河
無終
桑乾河
渤
海
397
克中山
396
取常山
中山
(定)
386
垂都中山
井陘
398
魏取鄴
燕
五橋澤
牢之敗還
燕
394
鄴
384
慕容垂入鄴
南燕
398–410
廣固
(益都)
410
劉裕滅南燕
莒
398慕容德自鄴據滑台尋都廣固
碻磝
滑台
遣劉牢之救鄴
彭城
416
劉裕伐秦
下邳
沭水
淮水
許昌
檀道濟等克洛陽
384謝玄取河南
壽春
淝水
建康
晉
黃
海
416年八月劉裕伐秦出建康，遣(一)王鎮惡、檀道濟將步軍自淮肥向許洛，(二)沈田子、傅宏之趣武關，(三)王仲德督水軍自鉅野入河，取魏滑台，(四)別將守碻磝防魏侵襲。417年七月克長安，姚泓降。

五胡十六國圖

(三) 第二次燕秦對峙期
(384−417 淝水戰後至劉裕滅秦)

居延海
西涼
400–421 (滅于北涼)
酒泉
北涼
401–439 (滅于魏)
張掖
412 徙都
姑臧
後涼
385–403 (降後秦)
南涼
397–414 (滅于西秦)
青海
西寧河
廉川
樂都
(蘭州)
苑川
金城
西秦
385–431
夏
407–432 (滅于魏)
(413 築) 統萬
(橫山)
無定河
417 據安定
後
秦
北屈
安定
386 姚萇入長安稱帝
418 陷長安稱帝
399 秦陷洛陽
長安
417 劉裕滅秦
武關
沈田子軍
陰平
仇池
平武
南鄭
漢
水
413 朱齡石破譙縱
405 譙縱據之
385 任權平益州
岷
益州
江
外
水
東

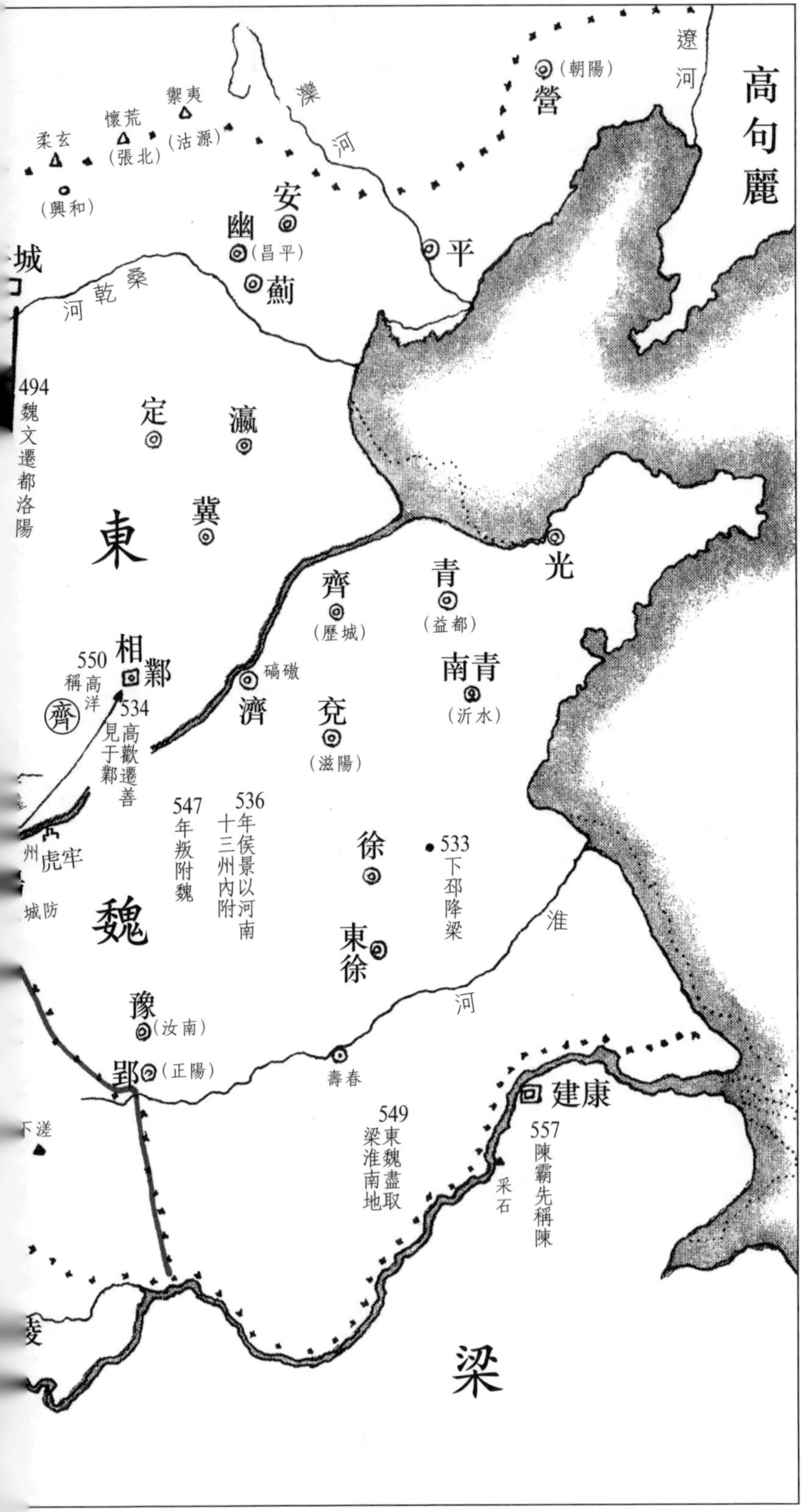
高句麗
遼河
營
(朝陽)
灤河
禦夷
(沽源)
懷荒
(張北)
柔玄
(興和)
安
幽
(昌平)
平
薊
城
桑乾河
494 魏文遷都洛陽
定
瀛
冀
東魏
光
青
(益都)
齊
(歷城)
550 稱高洋
齊
相
鄴
碻磝
濟
534 高歡遷善見于鄴
兗
(滋陽)
南青
(沂水)
虎牢
547 年叛附魏
536 年侯景以河南十三州內附
徐
533 下邳降梁
東徐
淮河
豫
(汝南)
郢
(正陽)
壽春
建康
549 東魏盡取梁淮南地
557 陳霸先稱陳
采石
梁

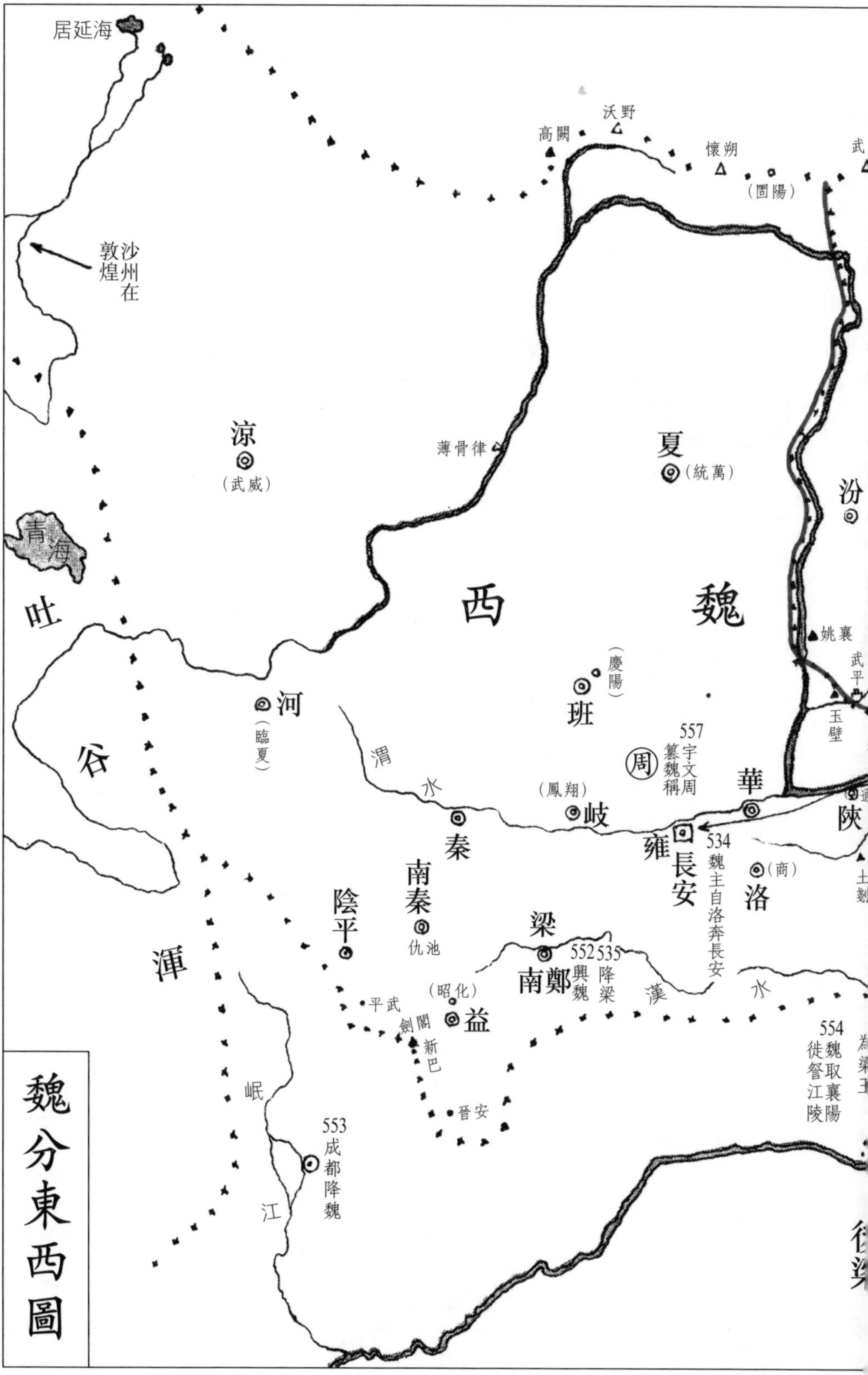
居延海
沙州在敦煌
高闕
沃野
懷朔
武川
(固陽)
涼
(武威)
薄骨律
夏
(統萬)
汾
青海
吐
谷
渾
西
魏
姚襄
武平
玉壁
(慶陽)
班
河
(臨夏)
渭
水
557 宇文周篡魏稱周
周
(鳳翔)
岐
華
陝
秦
雍
長安
534 魏主自洛奔長安
(商)
洛
南秦
仇池
陰平
梁
552 興魏
535 降梁
南鄭
漢
水
(昭化)
平武
劍閣
益
新巴
晉安
岷
江
553 成都降魏
554 魏取襄陽徙晉江陵

魏分東西圖

一、大業八年親征高麗，六月至遼東。
二、九年三月復親
遼東
渤海
黃海
淮河
（宿遷）
山陽
清口
泗州
山陽瀆
(587)
江都
瓜洲
京口
建康
陳
(589 亡)
大業六年欲東巡會稽開
江南河
餘杭
會稽

北巡
一、大業三年四月北巡次于赤岸澤，六月獵于連谷，至榆林，啟民可汗來朝，八月幸啟民可汗帳（大利城），入樓煩關次于太原，九月次于濟源，還東都。
二、大業四年幸五原，出塞，巡長城，八月祠恆岳，十月還東都。
三、大業十一年四月如汾陽宮，八月巡北邊，突厥始畢可汗圍帝于雁門。
南巡
年四月還東京。
二、大業六年幸江都，七年二月征高麗，自江都入永濟渠至涿郡。
三、大業十二年七月幸江都，十四年三月被弒。
大業元年605三月廿一日至八月十五日開通濟渠，自西苑引穀洛達河，自板渚引汴通淮（一說自永城通至泗州）。
大業五年巡河右，西域諸國朝獻，置西海、河源、鄯善、且末四郡
大業四年引沁水達河北通涿郡
607 鑿太行達并州
廣通渠 584 開
雲內
白道
紫河
紅河
金河
五原
榆林
定襄
大利城
涿（北平）
永定河
恆岳
雁門關
樓煩關
連谷
（神木）
（靜樂）
汾陽宮
太原
汾水
沁水
太行山
淇水
衛河
清水
永濟渠
德
武城
臨清
館陶
冠
開封
通濟渠
濟源
赤岸澤
穀水
洛陽
板渚
陳留
杞
寧陵
商丘
渭水
洛水
長安

隋煬帝南北巡遊圖

二五

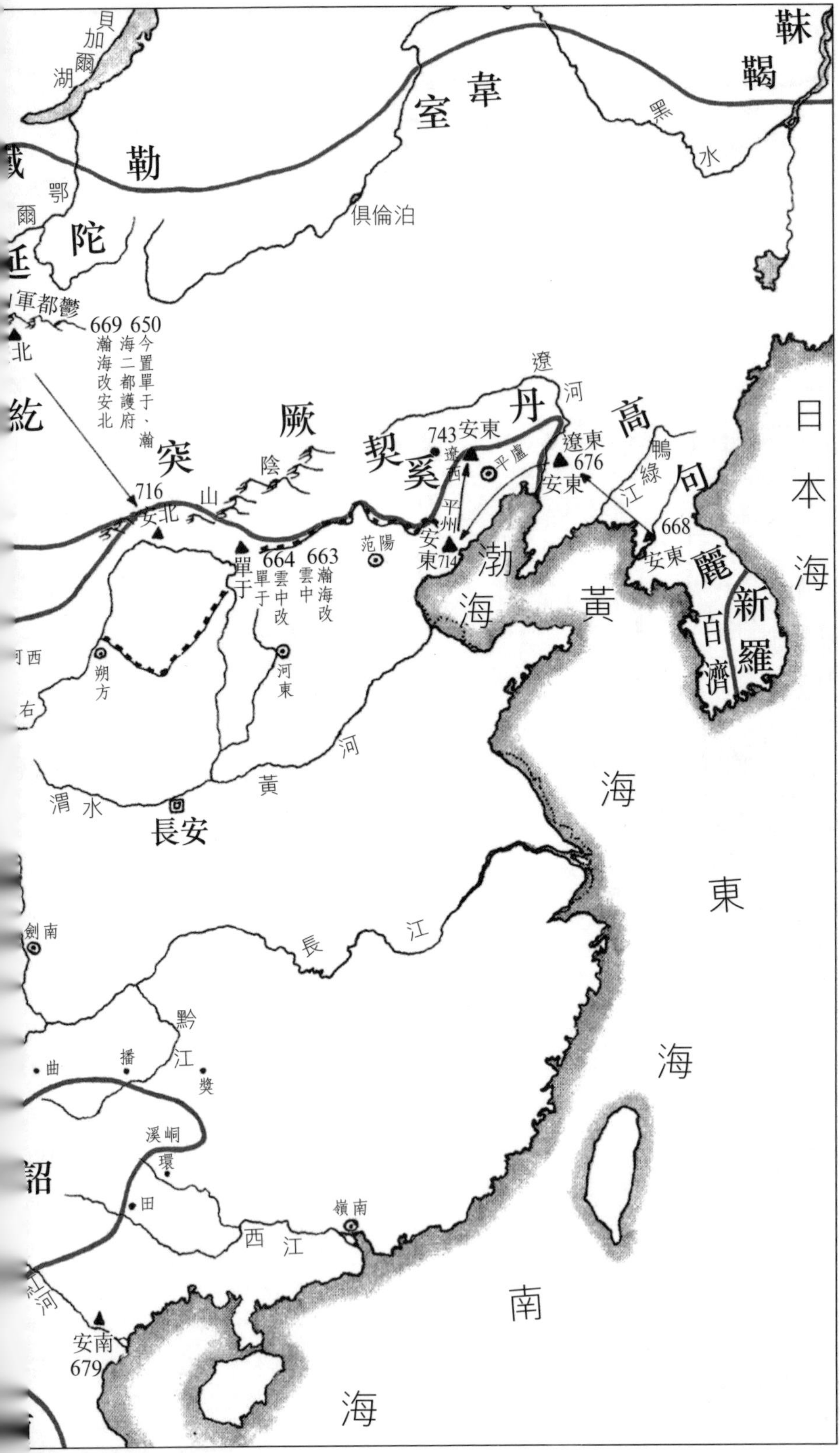
靺鞨
貝加爾湖
室韋
勒
黑水
鄂爾
俱倫泊
陀
軍都鬱
669 瀚海改安北
650 今置單于、瀚海二都護府
北
紇
突厥
契丹
奚
遼河
高句麗
日本海
743 安東
遼西
平盧
平州
安東 714
遼東
676 安東
鴨綠江
668 安東
716 安北
陰山
單于
664 單于改雲中
663 雲中改瀚海
范陽
渤海
黃海
新羅
百濟
河西
朔方
河東
右
黃河
渭水
長安
東海
劍南
長江
黔江
曲
播
獎
溪峒
環
詔
田
嶺南
西江
紅河
安南 679
南海

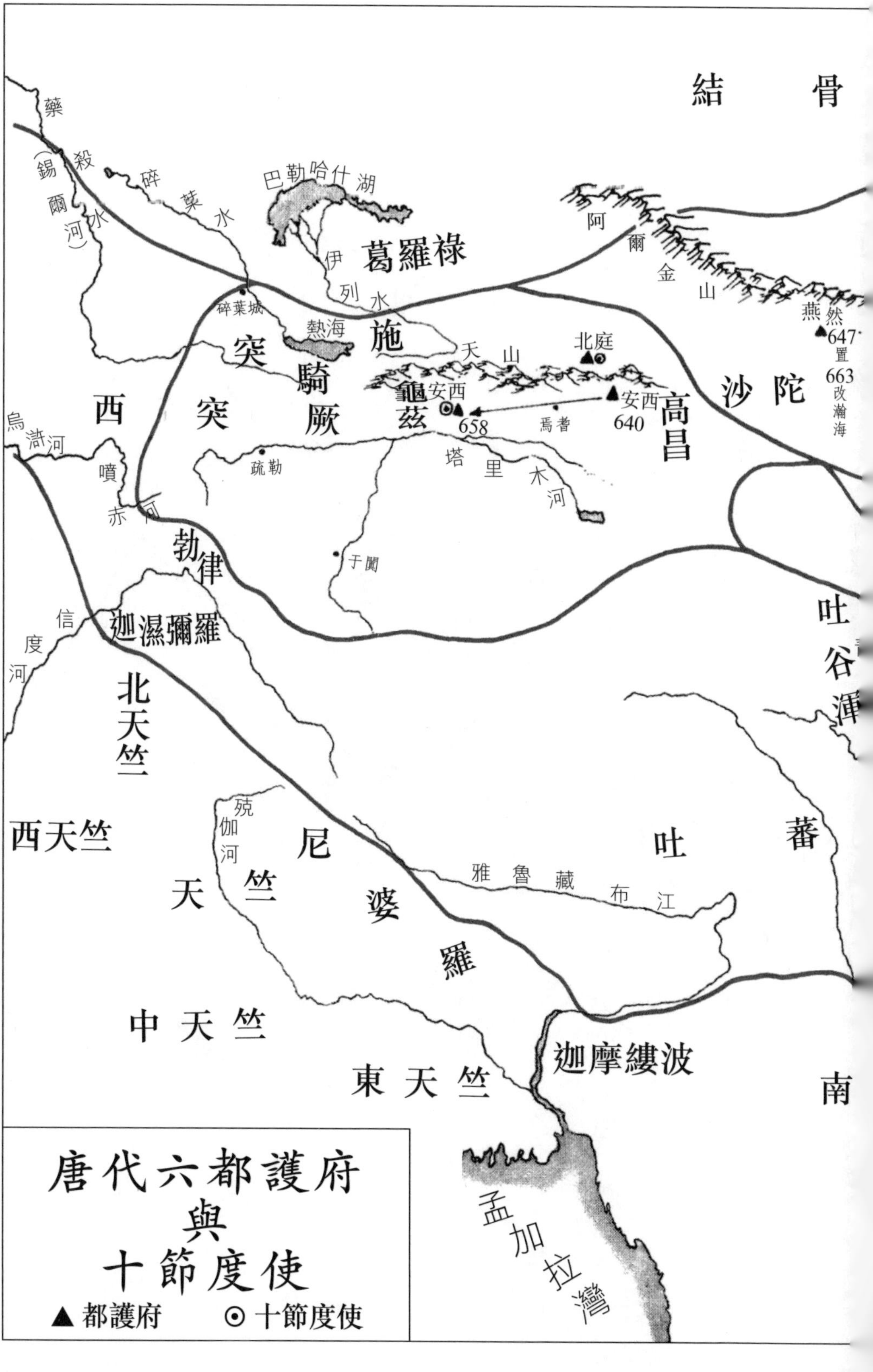

唐代六都護府與十節度使

▲都護府　⊙十節度使

代藩鎮圖

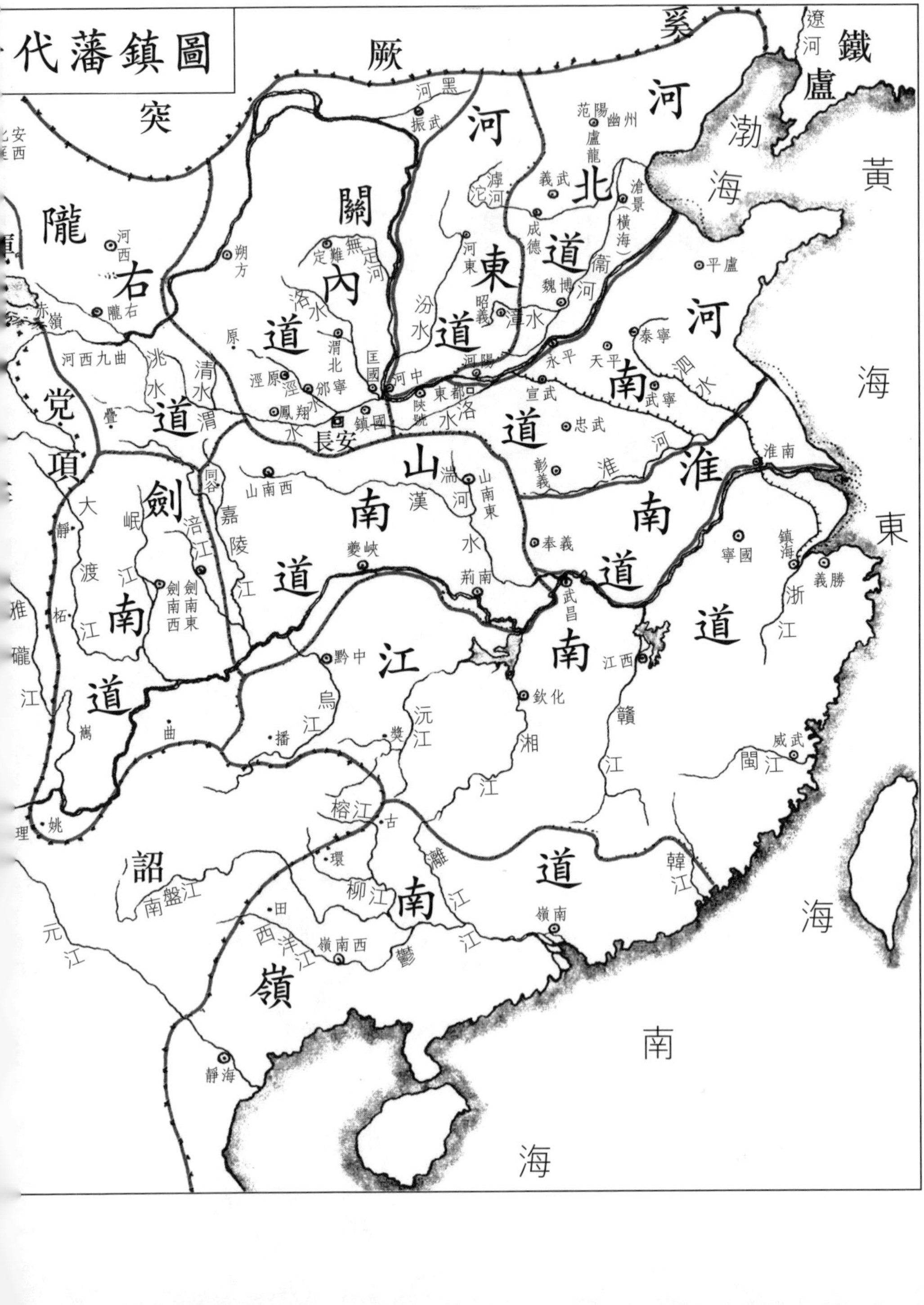
突
厥
奚
鐵
盧
遼河
渤海
黃海
東海
南海
河北道
關內道
河東道
隴右道
河南道
淮南道
山南道
劍南道
江南道
嶺南道
黨項
詔
黑河
振武
幽州
范陽
盧龍
義武
成德
滄景
(橫海)
滹沱河
河東
昭義
魏博
平盧
泰寧
天平
永平
宣武
武寧
忠武
淮南
彰義
河中
陝虢
東都
河陽
匡國
鎮國
長安
邠寧
涇原
鳳翔
渭北
定難
無定河
朔方
原
河西
隴右
赤嶺
河西九曲
疊
洮水
清水
渭水
涇水
洛水
汾水
漳水
汴河
泗水
淮河
山南西
山南東
荊南
奉義
武昌
夔峽
黔中
劍南西
劍南東
江西
欽化
寧國
鎮海
義勝
威武
同谷
嘉陵江
涪江
岷江
大渡江
靜
柘
雅礱江
巂
曲
播
獎
烏江
沅江
湘江
贛江
浙江
閩江
韓江
灕江
鬱江
榕江
柳江
古
環
田
西洋江
嶺南西
嶺南
南盤江
元江
靜海
姚
理
漢水
湍河
安西
北庭

後梁並十國圖

(公元907–923年)

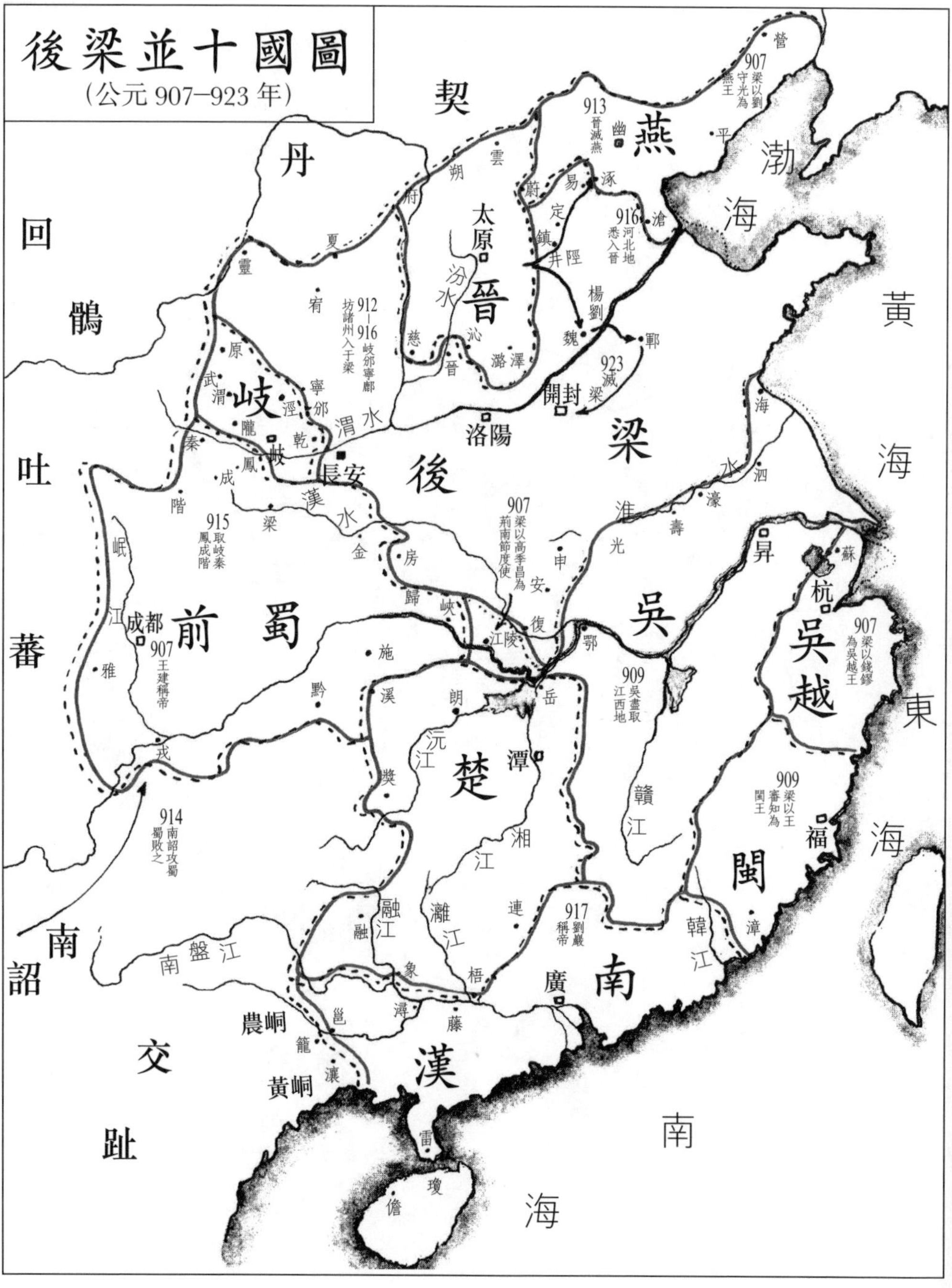

契丹
回鶻
吐蕃
南詔
交趾
燕
晉
岐
後梁
前蜀
吳
吳越
楚
閩
南漢
渤海
黃海
東海
南海
營
平
幽
涿
易
定
鎮
井陘
滄
蔚
雲
朔
府
夏
靈
宥
太原
汾水
沁
慈
晉
潞
澤
楊劉
魏
鄆
開封
洛陽
原
武
渭
寧
邠
涇
隴
乾
鳳
岐
秦
成
長安
渭水
階
梁
漢水
金
房
申
安
歸
峽
江陵
復
鄂
岳
淮
光
壽
濠
泗
海
水
昇
蘇
杭
岷
江
成都
雅
戎
施
黔
溪
朗
沅江
潭
獎
湘江
贛江
福
漳
融江
融
灕江
連
韓江
象
梧
廣
南盤江
邕
潯
藤
農峒
籠
瀼
黃峒
雷
瓊
儋
907 梁以劉守光為燕王
913 晉滅燕
916 河北地悉入晉
912–916 岐邠寧鄜坊諸州入于梁
923 滅梁
907 梁以高季昌為荊南節度使
915 取岐秦鳳成階
907 王建稱帝
909 吳盡取江西地
907 梁以錢鏐為吳越王
909 梁以王審知為閩王
917 劉巖稱帝
914 南詔攻蜀蜀敗之

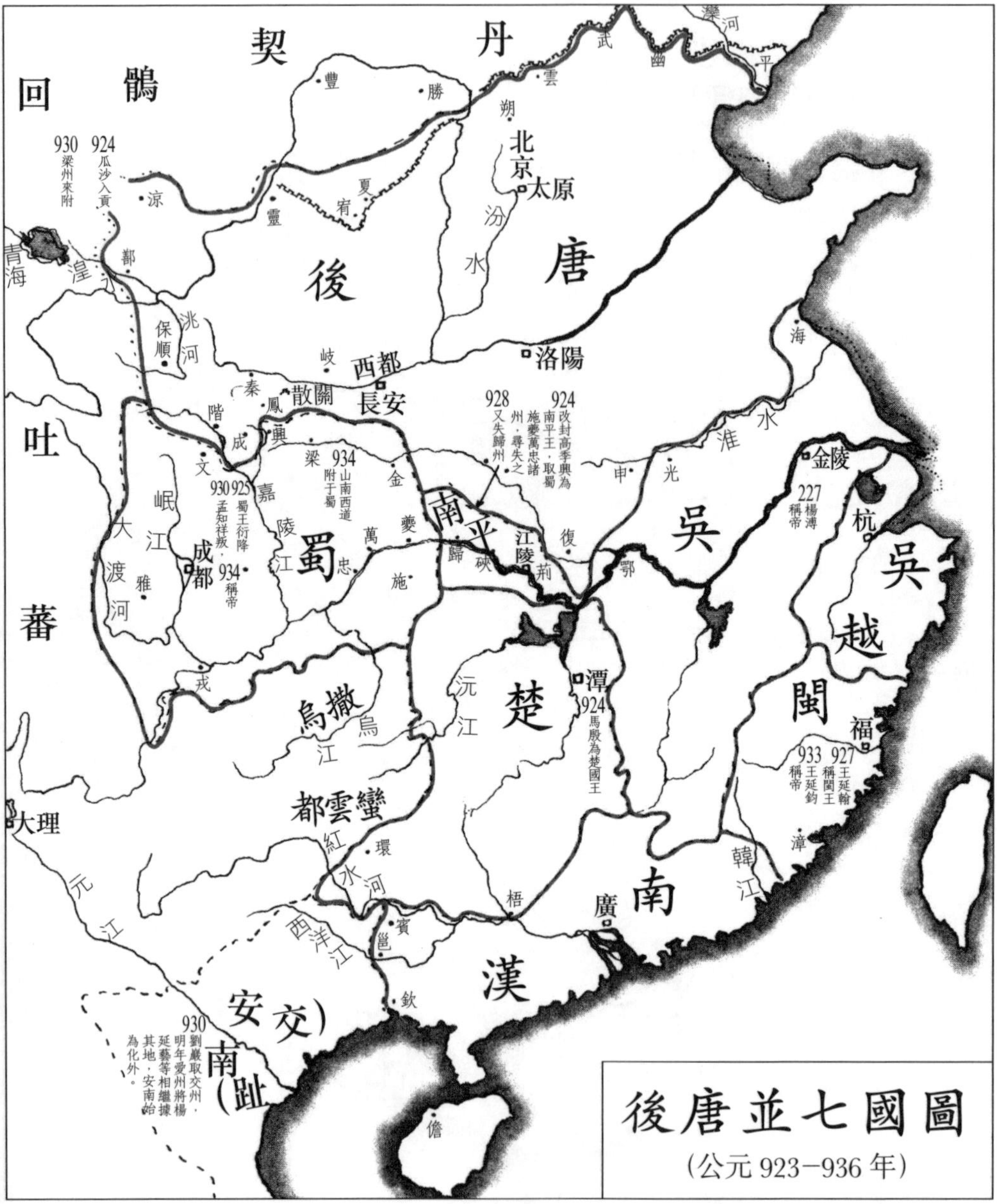

後唐並七國圖
（公元 923－936 年）

遼
937 契丹改國號曰遼
晉有唐之故地而幽薊十六州亡于遼，又取蜀之金州。漢盡有晉地，惟秦鳳成階先入于蜀。
946 遼入汴，秦階成三州降蜀，蜀又取鳳州
北京
晉陽
936 石晉入洛，唐亡
946 遼自易、恒入汴，晉亡
汾水
潞
渡
中
汴
洛陽
陝
長安
渭水
947 劉知遠自晉、陝入洛、汴，稱漢
漢
晉
淮水
揚
937 徐知誥（李昪）國號唐
江寧
杭
浙江
唐
吳越
945 唐滅殷（閩）
建
殷
福
946 吳越取福州。唐將留從効遂據泉漳二州。
泉
漳
汀
韓江
吐蕃
大渡河
岷江
成都
蜀
嘉陵江
漢水
金
南
平
江陵
歸
峽
復
鄂
潭
楚
沅江
烏江
湘水
郴
943 宜州以西諸蠻內附
融
宜
灕水
昭
賀
連
948 取楚賀昭諸州
廣
南
漢
南盤江
左江
賓
邕
欽
交
趾
瓊

後晉七國後漢六國合圖
（公元936–947–950年）

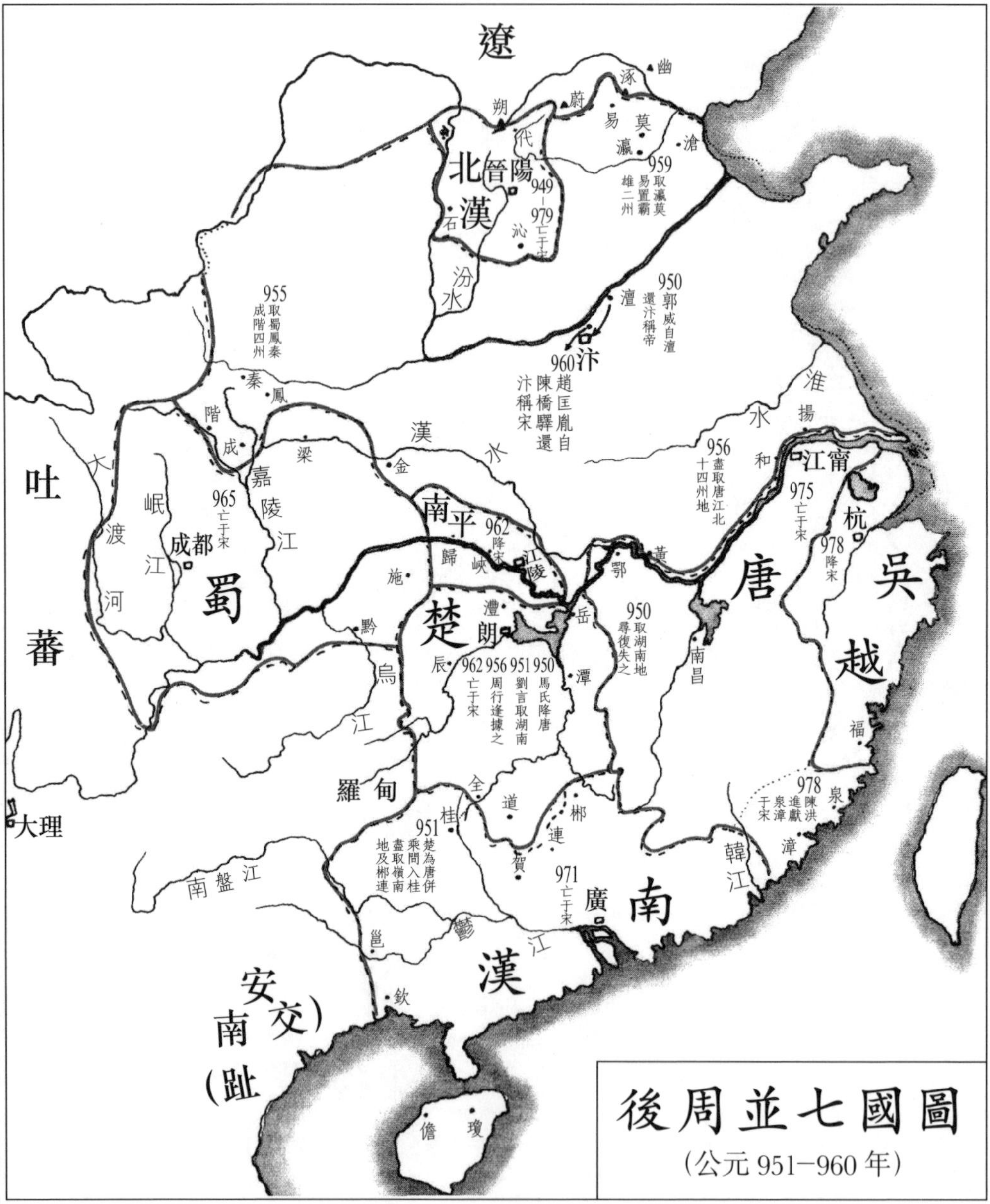
遼
北漢
晉陽
949
979
亡于宋
代
朔
蔚
幽
涿
易
莫
瀛
滄
959
取瀛莫
易置霸
雄二州
石
沁
汾水
955
取蜀鳳秦
成階四州
950
郭威自澶
還汴稱帝
澶
汴
960
趙匡胤自
陳橋驛還
汴稱宋
秦
鳳
階
成
梁
嘉陵江
漢水
金
淮水
揚
956
盡取唐江北
十四州地
和
江甯
975
亡于宋
杭
978
降宋
吳越
唐
南昌
吐蕃
大渡河
岷江
965
亡于宋
成都
蜀
南平
962
降宋
歸
峽
江陵
施
鄂
黃
楚
澧
朗
岳
潭
辰
950
取湖南地
尋復失之
962
亡于宋
956
周行逢據之
951
劉言取湖南
950
馬氏降唐
黔
烏江
羅甸
全
道
郴
連
賀
桂
951
楚為唐併
乘間入桂
盡取嶺南
地及郴連
福
泉
978
陳洪進獻
泉漳于宋
漳
韓江
大理
南盤江
971
亡于宋
廣
南漢
鬱江
邕
欽
安南
(交趾)
儋
瓊

後周並七國圖
(公元951–960年)

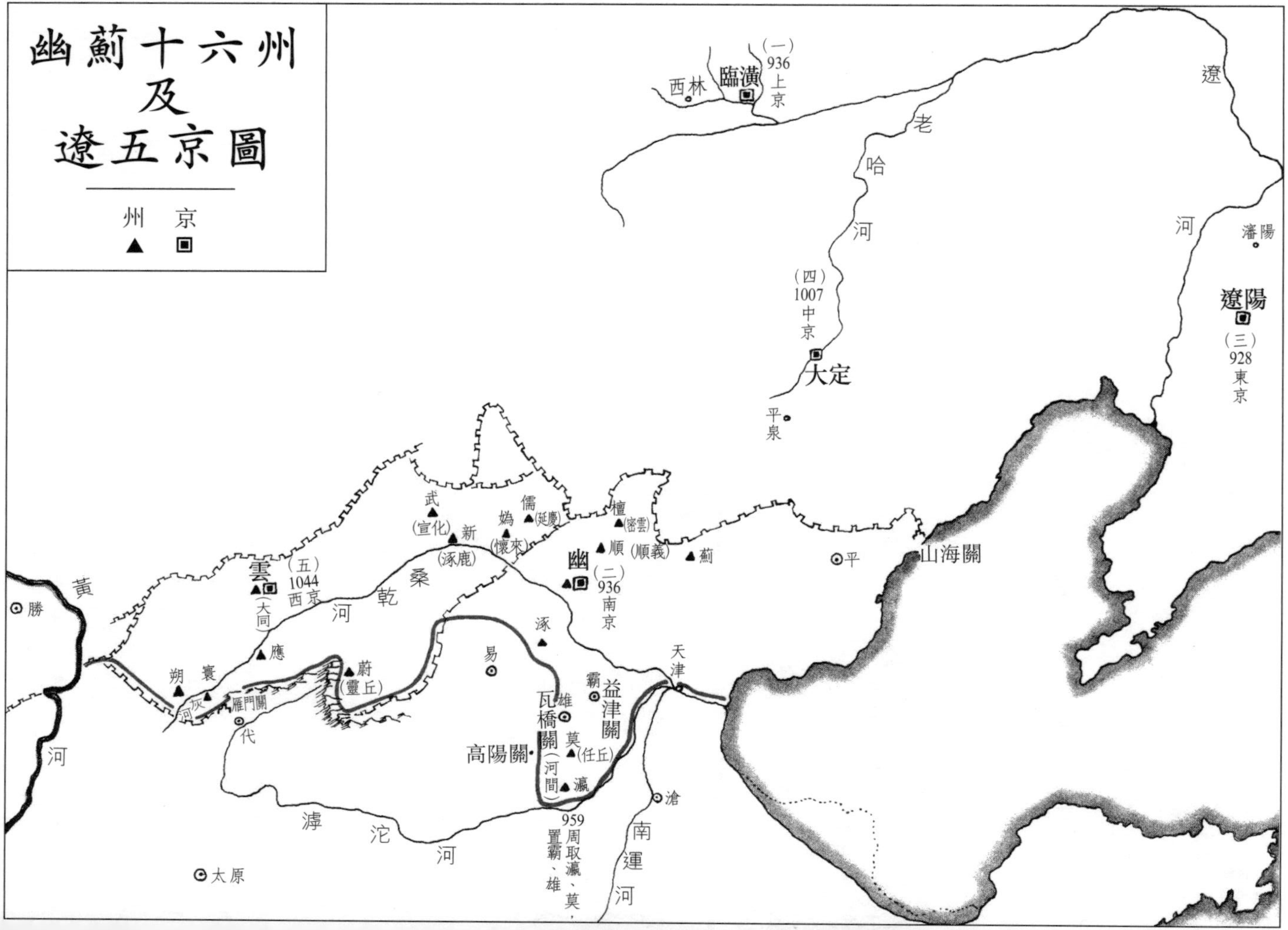
幽薊十六州
及
遼五京圖
州 ▲
京 ◙
西林
臨潢
(一)
936
上京
遼
老
哈
河
河
瀋陽
遼陽
(三)
928
東京
(四)
1007
中京
大定
平泉
武
(宣化)
新
(涿鹿)
嬀
(懷來)
儒
(延慶)
檀
(密雲)
順
(順義)
薊
幽
(二)
936
南京
平
山海關
雲
(五)
1044
西京
(大同)
黃
河
勝
桑
乾
河
涿
易
應
朔
寰
灰河
雁門關
代
蔚
(靈丘)
霸
益津關
瓦橋關
雄
莫
(任丘)
高陽關
(河間)
瀛
天津
滄
南運河
滹沱河
959
周取瀛、莫，
置霸、雄
太原

宋初統一中國圖
（公元 960—979 年）

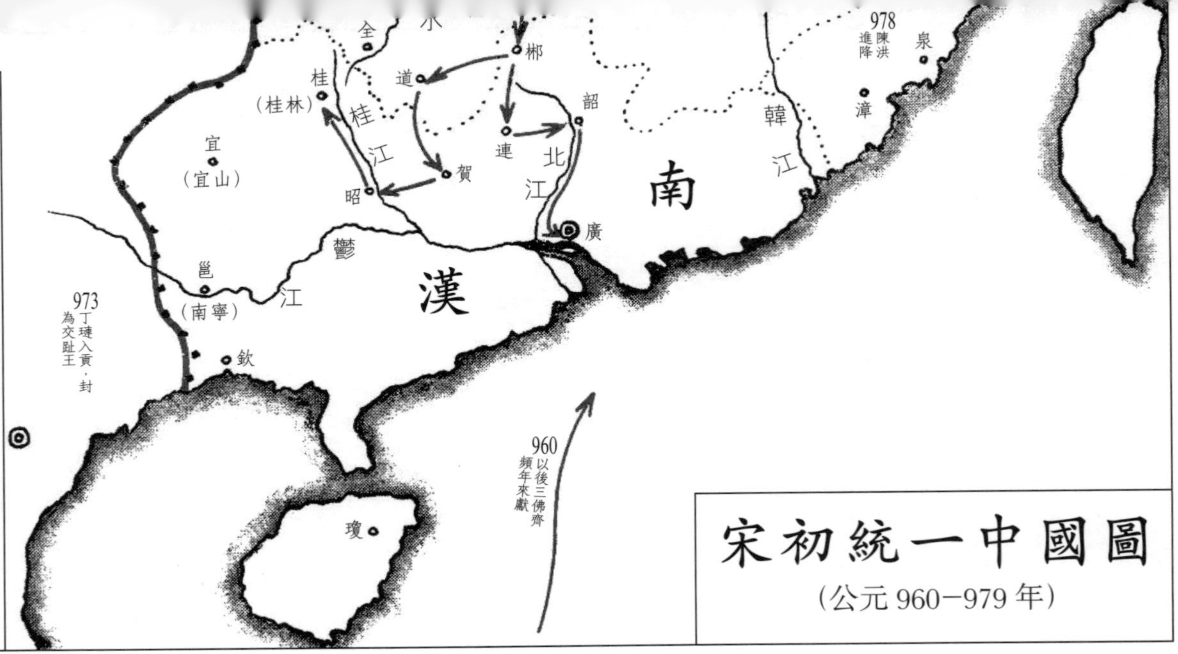

①963 慕容延釗假道南平伐楚，南平藉荊（江陵）峽（宜昌）歸（秭歸）三州以獻。遂克潭州朗州，楚地悉平。

②964 伐蜀，王全斌出鳳州，劉光義出歸州，會成都，蜀降。

③970 伐南漢，潘美出郴州、道州，滅之。

④974 伐南唐，曹彬自荊南率戰艦東下，破池州、銅陵，渡采石，掃江寧，吳越，助宋出常州（武進）向潤州（鎮江），李煜降。978 吳越亦降。

⑤979 大宋自將伐北漢，扼石嶺關以斷遼援。夏李繼筠遣綏州、銀州軍渡河張宋軍勢，北漢亡。

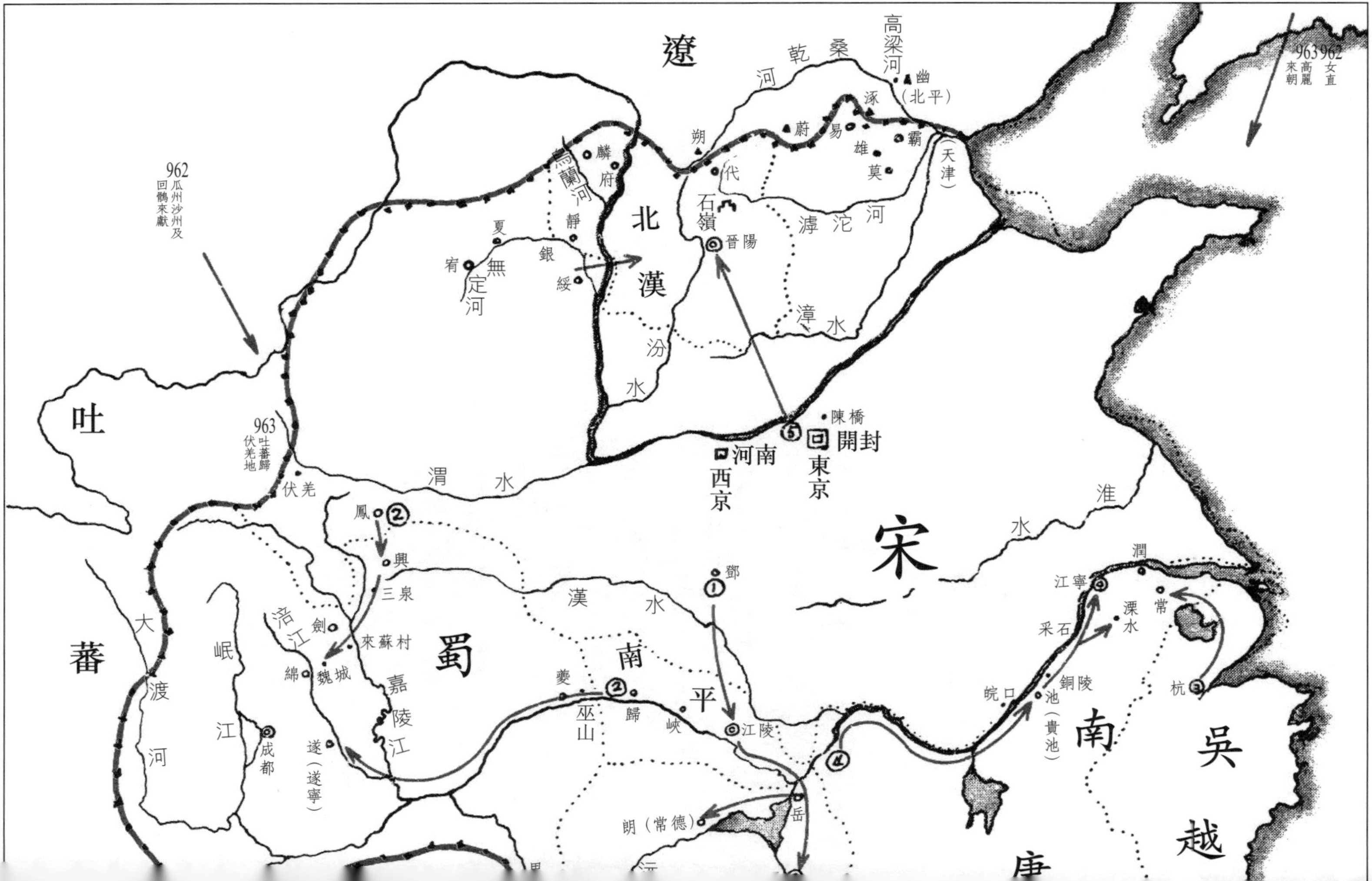

遼
乾
桑
河
高梁河
幽
（北平）
涿
蔚
易
霸
雄
莫
（天津）
朔
代
石嶺
晉陽
滹沱河
漳水
北漢
汾水
麟
府
烏蘭河
靜
夏
宥
無定河
銀
綏
962
瓜州沙州及回鶻來獻
963962
女直高麗來朝
吐
963
吐蕃歸伏羌地
伏羌
渭水
河南
西京
開封
東京
陳橋
宋
淮水
鳳
興
三泉
漢水
鄧
來蘇村
劍
涪江
綿
魏城
嘉陵江
蜀
遂（遂寧）
岷江
成都
大渡河
蕃
夔
巫山
歸
峽
南平
江陵
岳
朗（常德）
潤
江寧
溧水
常
采石
銅陵
池（貴池）
皖口
杭
南
吳越
唐

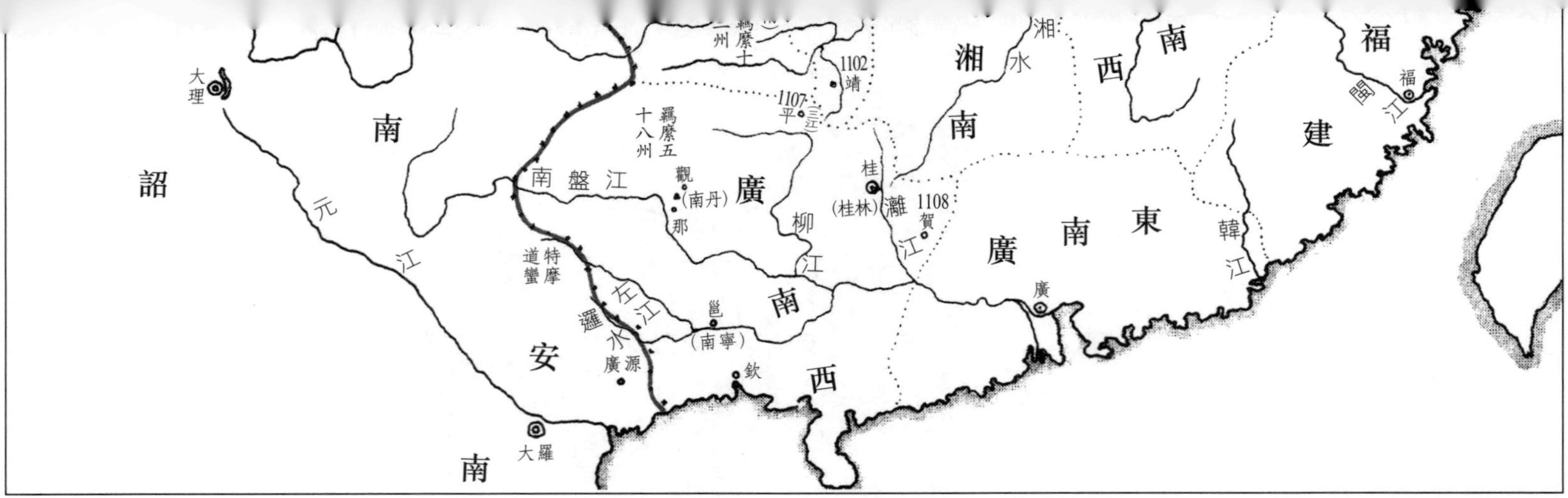
大理
南詔
元江
南
安南
大羅
南
南盤江
特摩道
羈縻五十八州
觀
(南丹)
那
廣南西
柳江
邕
(南寧)
左江
邏水
廣源
欽
1107
平
1102
靖
湘水
湘南
西南
桂
(桂林)
灕江
1108
賀
廣南東
廣
韓江
福建
福
閩江

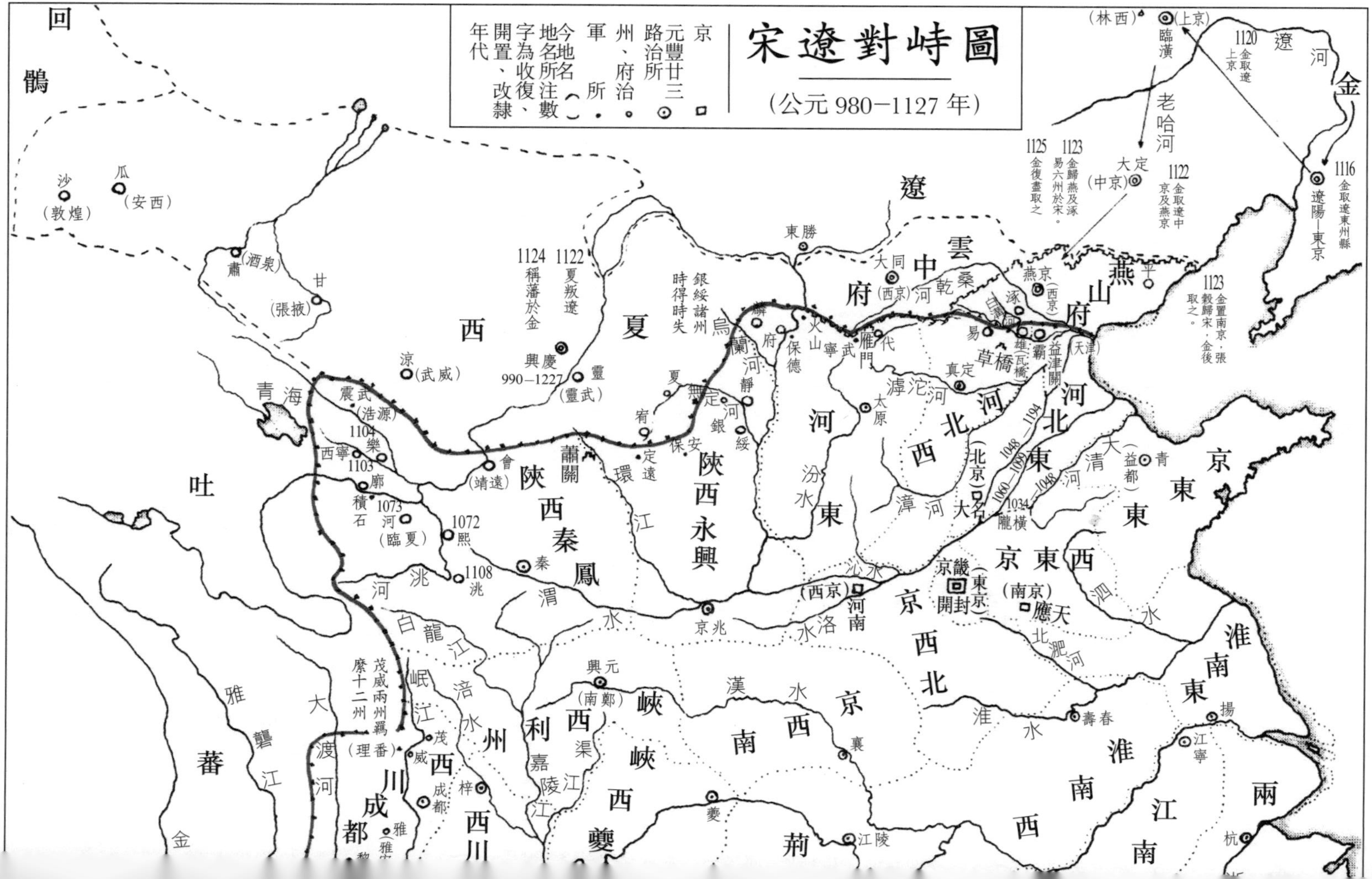
宋遼對峙圖
（公元 980—1127 年）
京 □
元豐廿三路治所 ◎
州、府治所 ○
軍 ·
今地名（ ）
地名所注數字為收復、開置、改隸年代
回鶻
沙（敦煌）
瓜（安西）
肅（酒泉）
甘（張掖）
西夏
遼
吐蕃
青海
1124 稱藩於金
1122 夏叛遼
興慶 990—1227
靈（靈武）
涼（武威）
時得時失 銀綏諸州
東勝
大同（西京）
雲中府
燕山府
燕京（西京）
平
大定（中京）
臨潢（上京）
（林西）
老哈河
遼河
金
1116 金取遼東州縣
遼陽—東京
1120 金取遼上京
1122 金取遼中京及燕京
1123 金歸燕及涿易六州於宋。
1125 金復盡取之
1123 金置南京，張瑴歸宋，金後取之。
河北東
河北西
河東
陝西永興
陝西秦鳳
京東東
京東西
京西北
京西南
淮南東
淮南西
兩江南
利州
成都府
西川
夔州
荊
京畿 開封（東京）
應天（南京）
河南（西京）
京兆
大名（北京）
太原
真定
青 益都
襄
揚
江寧
杭
壽春
江陵
興元（南鄭）
成都
梓
秦
會（靖遠）
熙 1072
河（臨夏）1073
洮 1108
廓 1103
樂 1104
西寧
震武（浩源）
積石
茂威兩州羈縻十二州
（理番）
雅
汾水
滹沱河
漳河
渭水
洛水
漢水
淮水
泗水
北淝河
白龍江
涪江
岷江
嘉陵江
大渡河
雅礱江
金

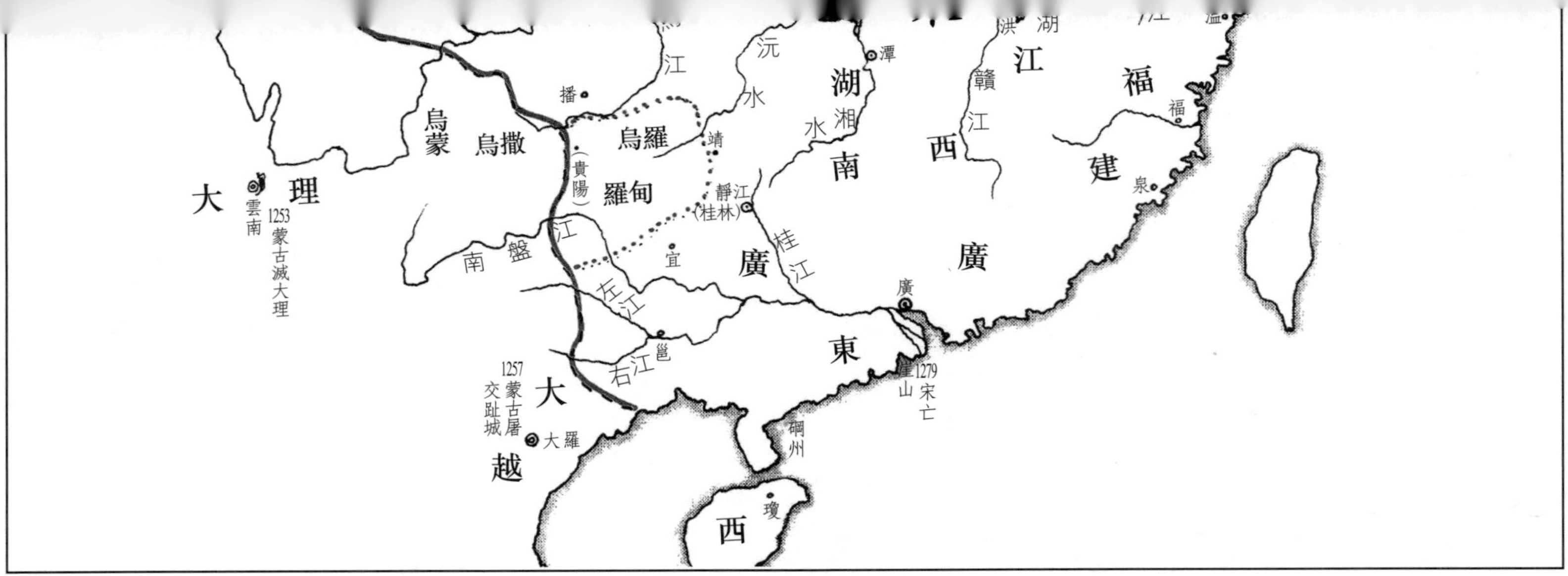
大理
雲南
1253 蒙古滅大理
烏蒙
烏撒
播
烏羅
羅甸
(貴陽)
南盤江
左江
右江
邕
大越
1257 蒙古屠交趾城
大羅
宜
廣西
靜江(桂林)
桂江
靖
沅水
湘水
潭
湖南
江西
贛江
江
福建
福
泉
廣東
廣
崖山
1279 宋亡
硇州
瓊
西

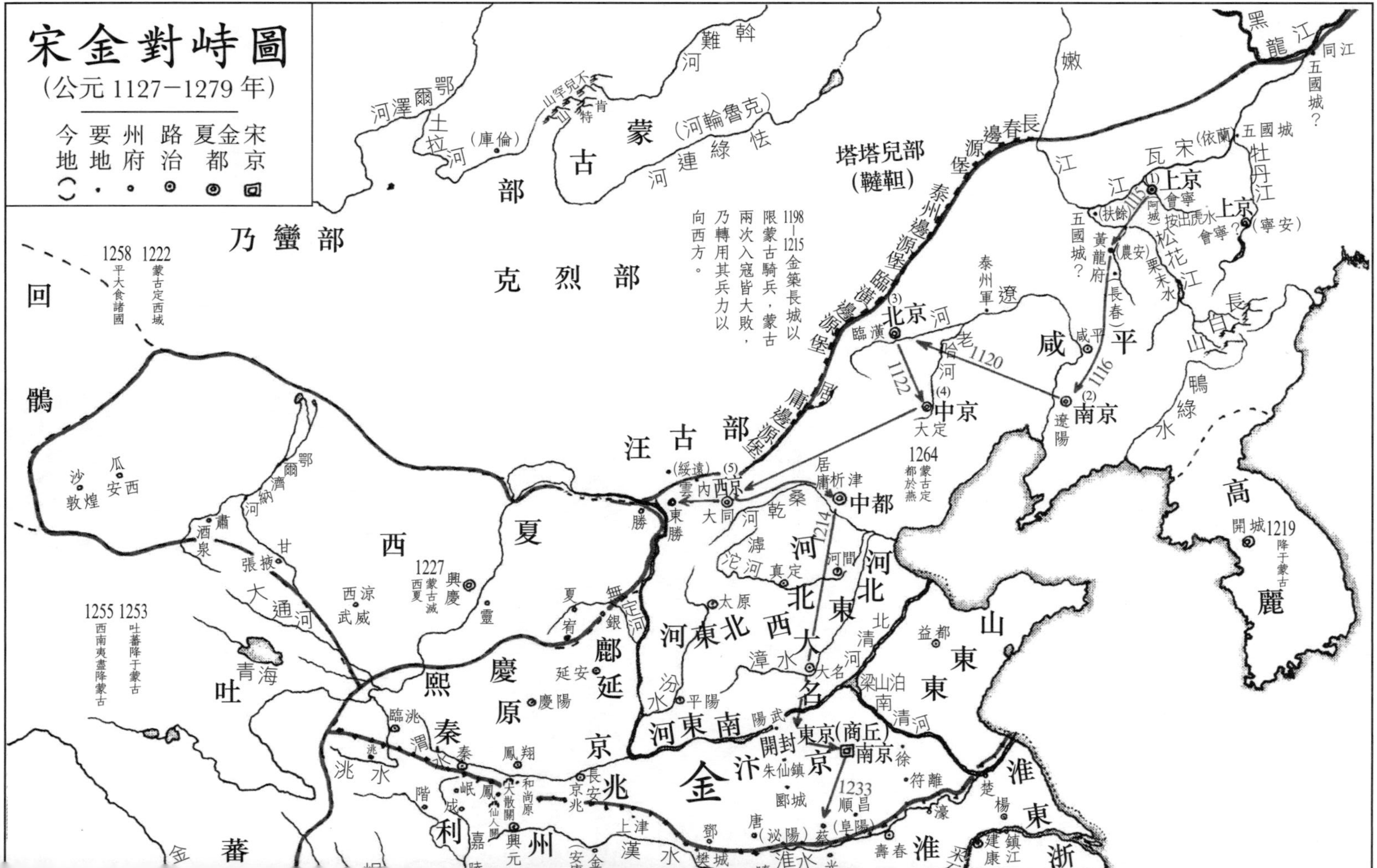
宋金對峙圖
(公元1127－1279年)
宋京 金夏都 路治 州府 要地 今地
1198－1215 金築長城以限蒙古騎兵，蒙古兩次入寇皆大敗，乃轉用其兵力以向西方。
1258 平大食諸國
1222 蒙古定西域
1255 西南夷盡降蒙古
1253 吐蕃降于蒙古
1227 蒙古滅西夏
1264 蒙古定都於燕
1219 降于蒙古
1233
1116
1120
1122
1214
1115
塔塔兒部
(韃靼)
乃蠻部
克烈部
汪古部
蒙古部
回鶻
吐蕃
西夏
高麗
金
上京
會寧
南京
遼陽
北京
臨潢
中京
大定
西京
大同
中都
析津
東京(商丘)
開封
南京
汴京
京兆
長安
山東東
山東西
河北東
河北西
河東北
河東南
淮東
淮西
利州
熙秦
慶原
鄜延
咸平
黃龍府
泰州軍
開城
興慶
西涼
武威
張掖
酒泉
瓜安西
沙敦煌
臨洮
太原
真定
河間
大名
平陽
益都
徐
符離
順昌
郾城
唐
鄧
樊城
壽春
楚
揚
建康
鎮江
興元
鳳翔
延安
慶陽
黑龍江
松花江
鴨綠水
遼河
黃河
渭水
洮水
漢水
淮水
青海
土拉河
斡難河
克魯倫河
怯綠連河

元代疆域圖

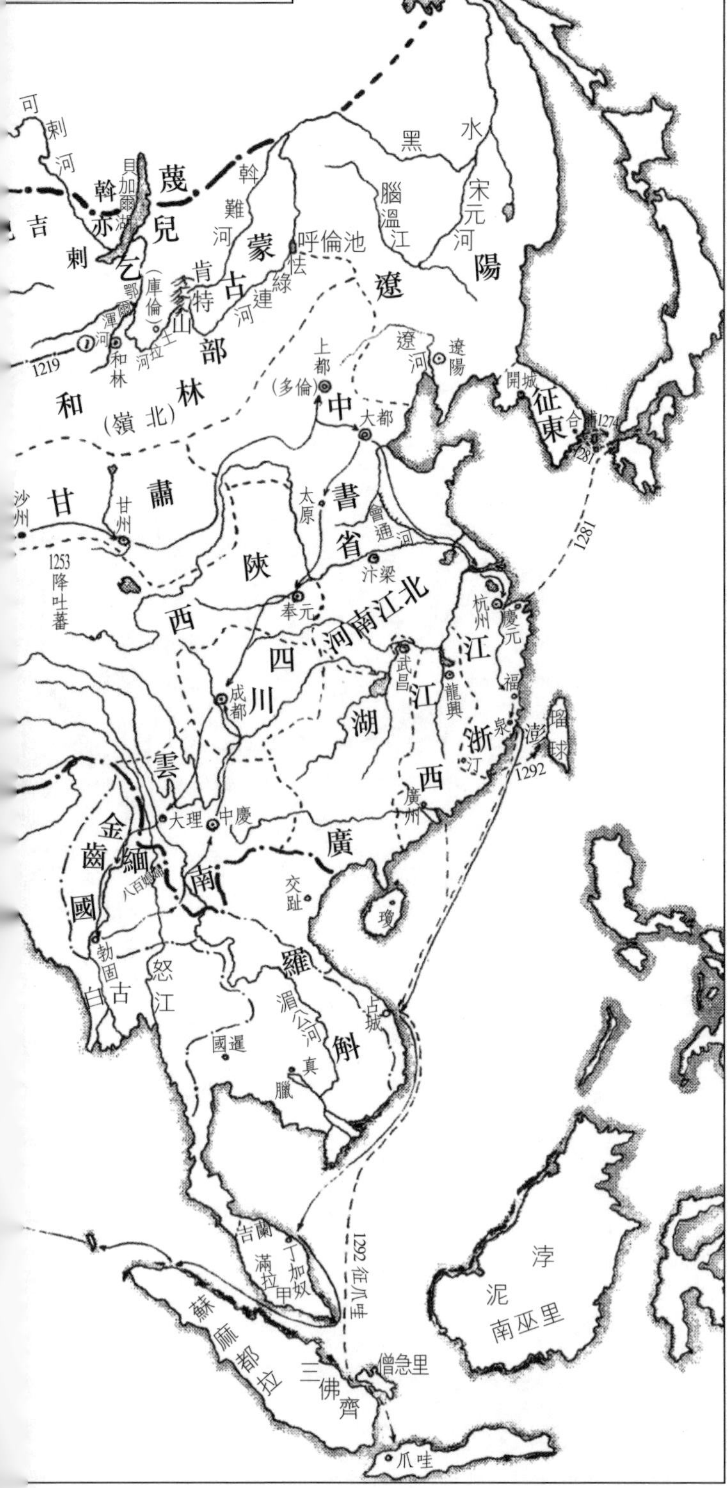

可剌河
吉
剌
斡亦
貝加爾湖
乞
兒
蔑
斡難河
蒙
古
部
肯特山
克魯倫河
呼倫池
怯綠連河
鄂爾渾河
庫倫
土拉河
和林
1219
和
林
(嶺北)
黑水
腦溫江
宋元河
遼
陽
遼河
遼陽
開城
征
東
合浦
1274
1281
上都
(多倫)
中
大都
書
省
太原
會通河
汴梁
沙州
甘
肅
甘州
1253
降吐蕃
陝
西
奉元
河南江北
四
川
成都
武昌
江
湖
龍興
杭州
慶元
江
浙
福
泉
汀
澎
瑠球
1292
1281
西
廣州
廣
雲
大理
中慶
南
金
齒
緬
國
八百媳婦
交趾
瓊
勃固
白古
怒江
羅
斛
湄公河
占城
國暹
真
臘
吉蘭丹
丁加奴
滿拉甲
1292 征爪哇
蘇
門
答
刺
三佛齊
僧急里
爪哇
浡
泥
南巫里

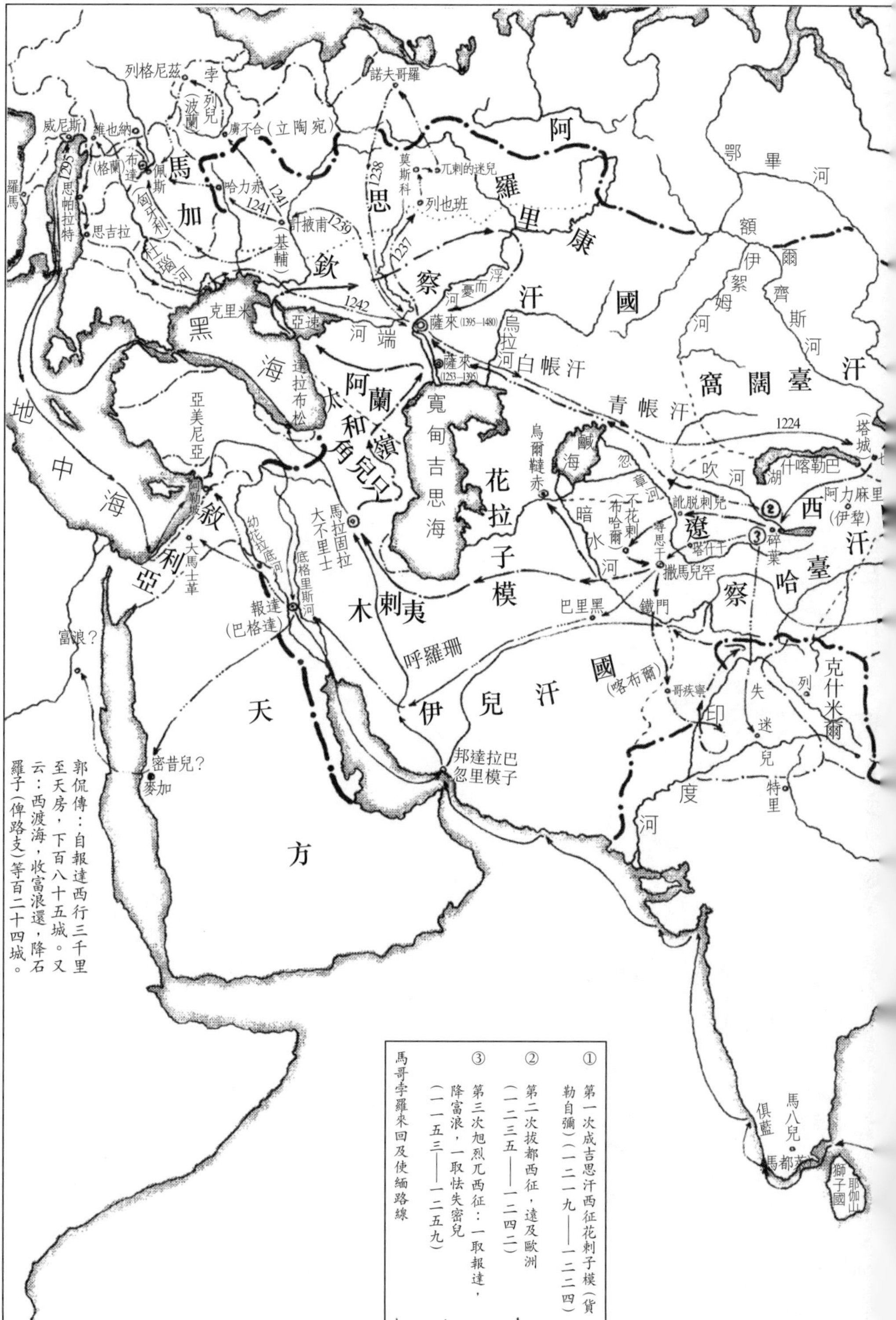
列格尼茲
孛列兒
(波蘭)
威尼斯
維也納
布達
(格蘭)
佩斯
(匈牙利)
馬加
羅馬
思帕拉特
思吉拉
杜瑙河
廣不合(立陶宛)
哈力赤
計掖甫
(基輔)
諾夫哥羅
莫斯科
兀剌的迷兒
列也班
阿羅里康汗國
思
欽察汗國
浮而憂河
克里米
亞速
黑海
端河
薩來(1395—1480)
薩來(1253—1395)
烏拉河
白帳汗
青帳汗
阿蘭
太和嶺
角兒只
達拉布松
亞美尼亞
地中海
阿勒坡
敘利亞
大馬士革
幼發拉底河
底格里斯河
報達
(巴格達)
馬拉固拉
大不里士
寬甸吉思海
花拉子模
木剌夷
呼羅珊
伊兒汗國
烏爾韃赤
鹹海
忽章河
不花剌
(布哈爾)
暗水河
撒馬兒罕
尋思干
訛脫剌兒
遼
碎葉
西遼
阿力麻里
(伊犁)
西汗
臺哈
察
巴里黑
鐵門
(喀布爾)
哥疾寧
印度河
失迷兒
克什米爾
列
特里
富浪?
天方
密昔兒?
麥加
邦達拉巴
忽里模子
鄂畢河
額爾齊斯河
伊絮姆河
窩闊臺汗
1224
吹河
什喀勒巴湖
(塔城)
馬八兒
俱藍
馬都蒂
獅子國
耶伽山
1241
1241
1239
1238
1237
1242
1295
郭侃傳：自報達西行三千里至天房，下百八十五城。又云：西渡海，收富浪還，降石羅子(俾路支)等百二十四城。
① 第一次成吉思汗西征花剌子模(貨勒自彌)(一二一九——一二二四)
② 第二次拔都西征，遠及歐洲(一二三五——一二四二)
③ 第三次旭烈兀西征：一取報達，降富浪，一取怯失密兒(一二五三——一二五九)
馬哥孛羅來回及使緬路線

孟加拉灣
洛
瓦
底
江
阿瓦
1449,
1582,
甸
仰光
暹
羅
老撾
南
1382
交
趾
交州
1407
1427
廣
西
廣
東
廣州
瓊州
西沙羣島
呂
宋
球

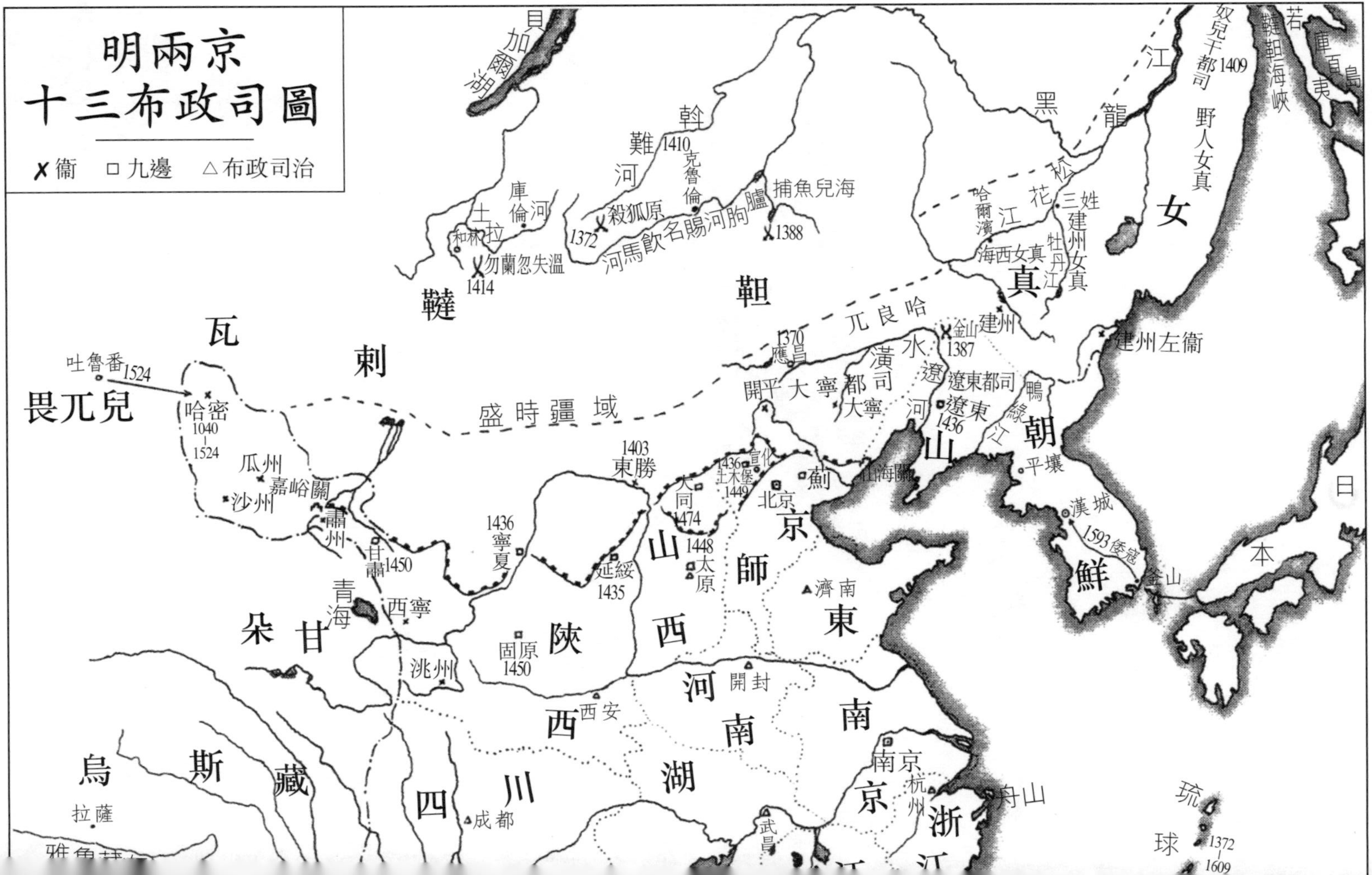
明兩京
十三布政司圖
衛　九邊　布政司治
瓦刺
韃靼
兀良哈
女真
朝鮮
盛時疆域
畏兀兒
吐魯番1524
哈密 1040-1524
瓜州
沙州
嘉峪關
肅州
甘肅1450
青海
西寧
朵甘
烏斯藏
拉薩
洮州
寧夏 1436
固原 1450
陝西
西安
延綏 1435
東勝 1403
山西
大同 1474
太原 1448
宣化 1436
土木堡 1449
北京
薊
山海關
京師
濟南
山東
河南
開封
湖廣
四川
成都
武昌
南京
杭州
浙江
舟山
開平
大寧
大寧都司
應昌 1370
金山 1387
建州
遼東都司
遼東 1436
遼河
鴨綠江
平壤
漢城
1593倭寇
釜山
建州左衛
海西女真
建州女真
牡丹江
三姓
哈爾濱
松花江
黑龍江
奴兒干都司1409
野人女真
庫頁島
韃靼海峽
日本
琉球 1372-1609
捕魚兒海
1388
克魯倫河
斡難河 1410
殺狐原 1372
飲馬河
名賜河
胸臚
土拉河
庫倫
和林
忽蘭忽失溫 1414
貝加爾湖

（一）元初南北運河未通，水陸兼運。自杭入江、淮，由黃河逆運至封丘西南中灤登陸，行百八十里至淇門，再浮御河至大都。

（二）至元二十年自濟州（濟寧）開河達安山——凡五十里。於寧陽東北三十四里築堽城堰，引汶入洸，又於東北兗州（滋陽）東五里築金口閘，約泗水入府河會洸，於州城東南二百步洸泗交注處築會源（天井）閘——所謂「水脊」也，以分流南北：西北流者，至安山入清濟故瀆，經東阿至利津入海，轉由直沽運大都。後海口淤壅，又從東阿陸運二百五十里至臨清會浮御河。

（三）至元二十六年正月，自安山西南開河，北達臨清會通御河。六月功成，凡役工二百五十一萬七百四十有八。於是南北運河全部溝通，因名「會通河」。平地開河，缺乏水源，全賴船閘調節，元末亦廢。

（四）明初仍元人之舊。洪武二十四年，河決原武，漫安山湖而東，會通盡淤。永樂九年疏鑿故道。於東平東六十里四汶集築戴村壩，橫截汶水盡出南旺。四分南流通徐呂，六分北流達臨清。自臨清至徐州七百餘里，全資泗、汶、沂、洸諸水，統名閘河。明正統以後，河屢決，運道淤，然尚能時加治理。

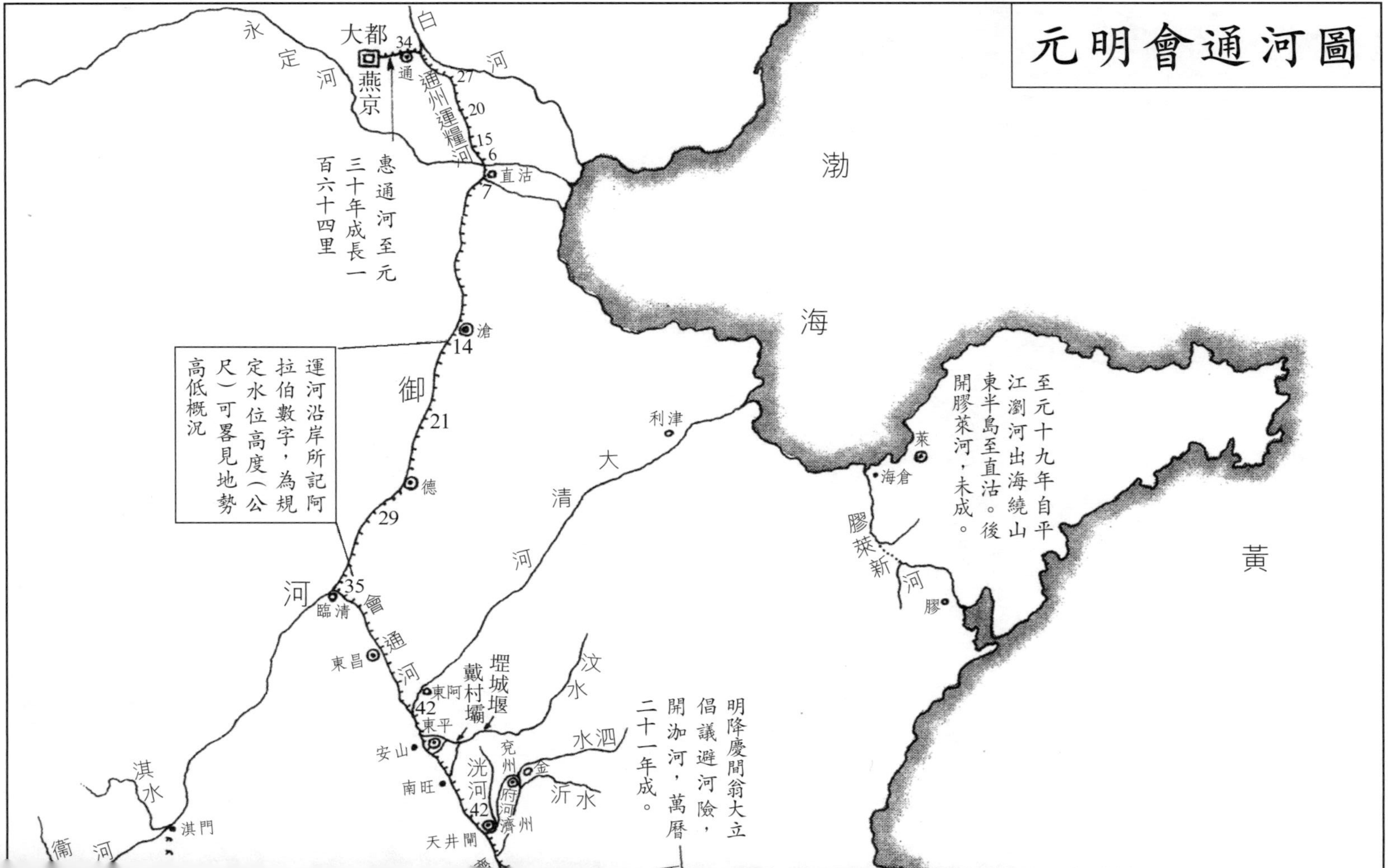
元明會通河圖
大都
燕京
通
34
27
20
15
6
直沽
7
滄
14
21
德
29
35
臨清
東昌
東阿
42
東平
安山
南旺
42
濟州
天井閘
兗州
府河
金
白河
永定河
通州運糧河
惠通河至元三十年成長一百六十四里
運河沿岸所記阿拉伯數字，為規定水位高度（公尺）可畧見地勢高低概況
御河
會通河
大清河
利津
渤海
黃
至元十九年自平江瀏河出海繞山東半島至直沽。後開膠萊河，未成。
萊
海倉
膠萊新河
膠
堽城堰
戴村壩
汶水
泗水
沂水
洸河
明隆慶間翁大立倡議避河險，開泇河，萬曆二十一年成。
淇水
淇門
衛河

滿洲興起圖

（一）清太宗征服黑龍江下流諸郡，兵威直達庫頁島。凡黑龍江以南圖們江以北，濱海部落及附近島嶼，盡入版圖。又遣霸奇蘭渡黑龍江，平定外興安嶺南之索倫部。

衛	部	名號	今地
建州	滿洲	覺羅	安東新賓縣
建州	滿洲	薩克素護河	安東柳河縣境
建州	滿洲	哲陳	柳河縣東
建州	滿洲	渾河	安東新賓縣西北
建州	滿洲	完顏	吉林敦化縣西
建州	滿洲	董鄂	安東通化縣北佟家江流域
建州	長白山	納殷	安東長白縣境
建州	長白山	鴨綠江	鴨綠江上流
建州	長白山	珠舍哩	安東臨江縣北
海西	扈倫	輝發	安東輝南縣地
海西	扈倫	哈達	（南關）輝南西北境
海西	扈倫	葉赫	（北關）遼北四平縣東北葉赫鎮
海西	扈倫	烏拉	吉林省城
野人	東海	渥集	松花江穆稜縣以東北
野人	東海	瓦爾喀	松花江延吉縣北及烏蘇里江上流
野人	東海	庫爾喀	松花江寧安縣境及黑龍江下流

附記：明初分關外為三衛，而明之疆圉，盡於今開原、鐵嶺、瀋陽、遼陽、海城、蓋平諸城，其東北皆為權力所不及。三衛之建，不過仿唐羈縻州之制，以示羈縻而已。萬曆時扈倫最強，及努爾哈赤崛起覺羅部，兼併諸部，一六一六年建立後金汗國，乃與明相抗。

（二）蒙古部族，大別為四：內蒙古、外蒙古、厄魯特、青海。內蒙古部落甚多，其著者。東部科爾沁（遼北，黑龍江南），中部察哈爾（熱察綏），其酋林丹汗最強，西部鄂爾多斯（河套）。天聰六年（一六三二）太宗踰內興安嶺千三百里，擣其庭。林丹汗由歸化城渡河西奔，死青海大草灘。其子額哲居套外，奉傳國璽以降。遂定內蒙古。

（四）清六次犯明。

(1) 天聰元年（一六二七）五月太宗親犯寧遠，袁崇煥大破之。

(2) 三年十二月以崇煥扼寧遠，乃取道蒙古。一由喜峯口趨遵化，直薄燕京，一面縱反間殺崇煥，議和而退。

(3) 五年秋，破大淩，祖大壽降。

(4) 崇煥元年（一六三六）七月，踰獨石口。入居庸，過昌平，一直逼燕京，一犯保定。五十六戰皆捷，九月始由冷口退出。

(5) 三年八月，太宗親向山海關，多爾袞由古北口入，會於涿州。分兵八道，由蘆溝橋趨良鄉，下四十八縣。又由德州渡運河，破濟南虜德王由樞以去。

(6) 崇德六年（一六四一），以數入中原，不能得尺寸地。蓋山海關限之也。乃先取關外四城：錦州、松山（錦南十八里）、杏山（錦西四十里）、塔山（錦西南六十里）。吳三桂敗走，洪承疇降。此役明元氣大傷，一六四四年闖賊陷京師，吳三桂引清入關，明社遂屋。

（三）一六三六年金改國號曰清，舉前代遼金元舊部悉歸統一，乃一意從事中原，為除後顧之憂，是年十一月太宗親征朝鮮，降之。

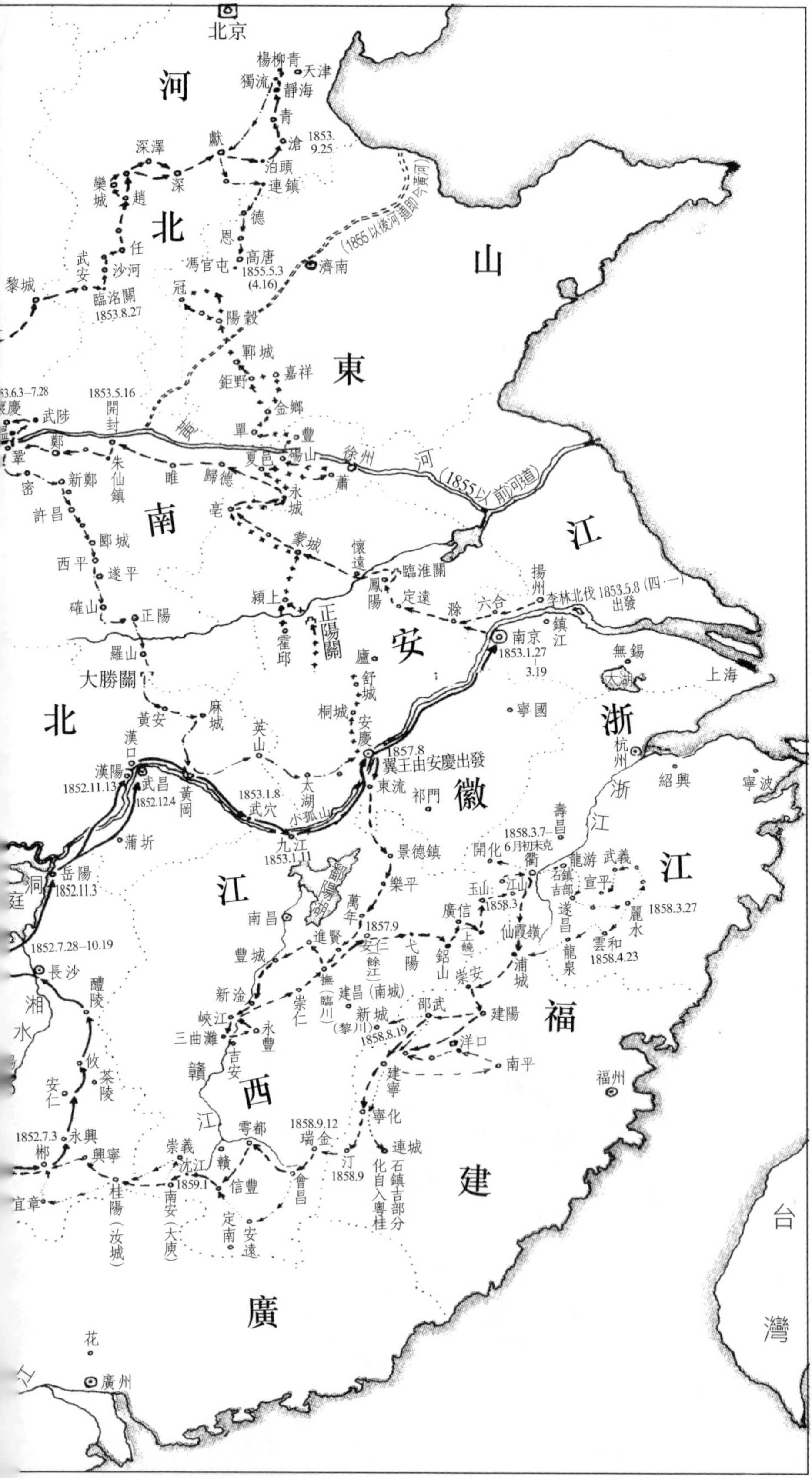
北京
河
北
山
東
南
江
安
徽
浙
江
福
建
西
廣
台
灣
楊柳青
天津
獨流
靜海
青
滄
1853.9.25
獻
深澤
泊頭
連鎮
欒城
趙
深
德
恩
高唐
1855.5.3 (4.16)
馮官屯
任
沙河
武安
黎城
臨洺關
1853.8.27
濟南
(1855以後河道即今黃河)
冠
陽穀
鄆城
嘉祥
鉅野
金鄉
單
豐
碭山
夏邑
蕭
徐州
黃
河
(1855以前河道)
1853.5.16
開封
武陟
鄭
朱仙鎮
睢
歸德
永城
亳
鞏
密
新鄭
許昌
郾城
西平
遂平
確山
正陽
蒙城
懷遠
臨淮關
鳳陽
定遠
揚州
李林北伐 1853.5.8 (四.一) 出發
六合
滁
潁上
霍邱
正陽關
南京
1853.1.27
3.19
鎮江
無錫
太湖
上海
廬
舒城
羅山
大勝關
黃安
麻城
桐城
安慶
寧國
杭州
紹興
寧波
漢口
漢陽
1852.11.13
武昌
1852.12.4
黃岡
英山
太湖
1857.8
翼王由安慶出發
東流
祁門
1853.1.8
武穴
小孤山
九江
1853.1.11
蒲圻
岳陽
1852.11.3
洞庭
景德鎮
鄱陽湖
樂平
萬年
壽昌
1858.3.7–6月初未克
衢
開化
江山
玉山
1858.3
廣信
上饒
龍游
石鎮吉部
武義
宣平
遂昌
麗水
1858.3.27
雲和
1858.4.23
龍泉
仙霞嶺
浦城
南昌
1857.9
進賢
安仁
餘江
弋陽
鉛山
崇安
豐城
撫
臨川
建昌
南城
崇仁
新城
黎川
1858.8.19
邵武
建陽
洋口
南平
新淦
峽江
三曲灘
永豐
吉安
贛
江
1852.7.28–10.19
長沙
湘
水
醴陵
攸
茶陵
安仁
建寧
寧化
福州
1858.9.12
瑞金
汀
1858.9
連城
石鎮吉部分化自入粵桂
雩都
贛
信豐
會昌
1852.7.3
郴
永興
興寧
崇義
沈江
1859.1
南安
(大庾)
桂陽
(汝城)
宜章
定南
安遠
花
廣州

太平天國圖

一、太平軍於清咸豐元年（一八五一）八月自廣西桂平金田村出發，三年三月十九日占領南京。行軍路線 ⟶

二、李開芳、林鳳祥統軍北伐：

1. 進軍路線
2. 退回路線
3. 援軍路線
4. 咸豐三年四月初一日自揚州出發，至五年四月十六日被殲滅於山東高唐馮官屯，為期二十五個月（四年閏七月）。
5. 孤軍直入，百折不回，轉鬥萬里，外人譽為「世界史上最奇異的戰役」。

三、翼王石達開之長征

1. 咸豐七年（一八五七）八月自安慶出發，同治二年（一八六三）四月廿七日至西康大渡河南岸紫打地降。
2. 全軍歷十三省，行五萬里。本部大軍路線 其別遣隊作 ……

四、地名附註阿拉伯數字為抵達或攻下年月日。

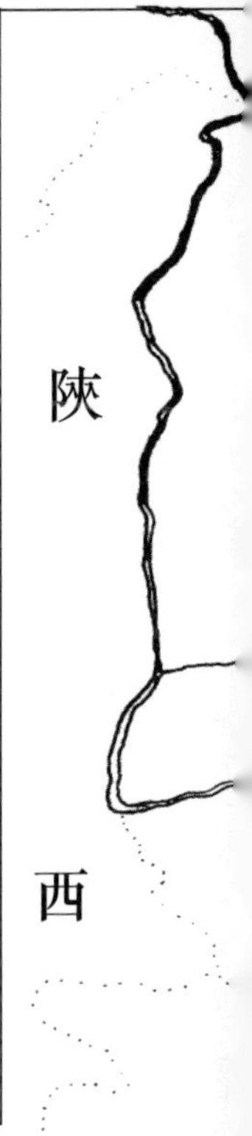

陝
西

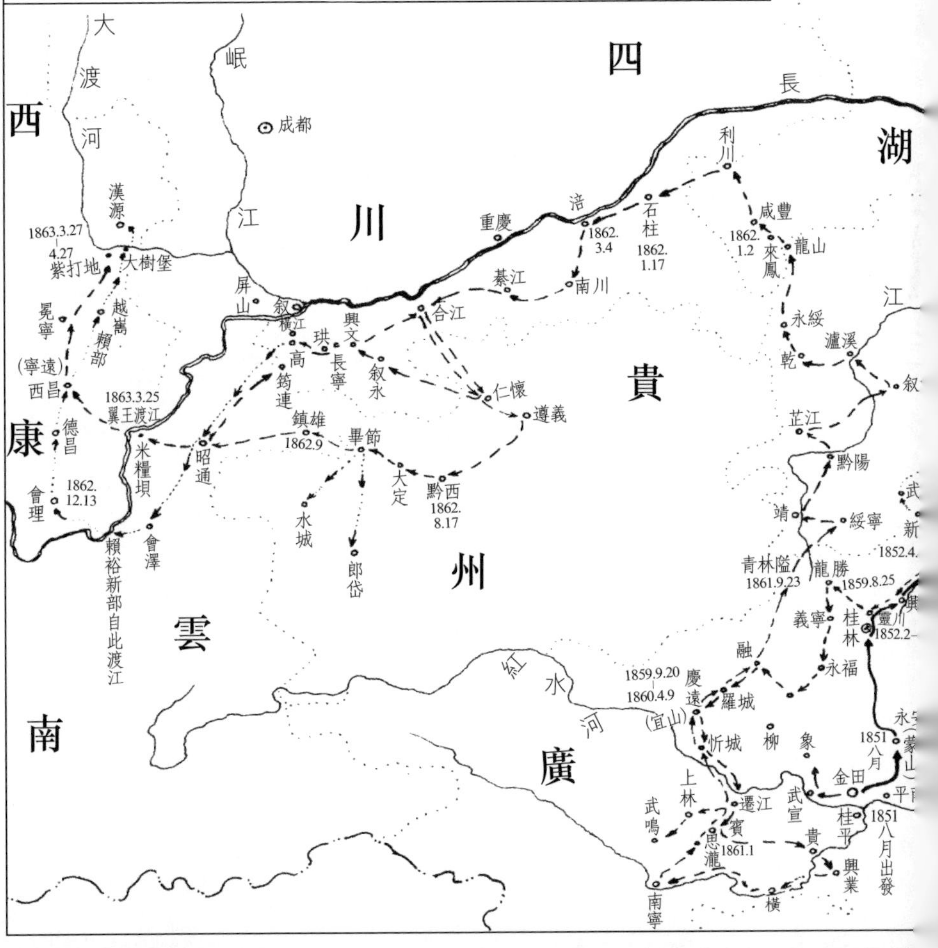

大渡河
岷江
西康
四川
成都
長江
湖
漢源
1863.3.27
4.27
紫打地
大樹堡
冕寧
越嶲
賴部
(寧遠)
西昌
1863.3.25
翼王渡江
德昌
會理
1862.
12.13
米糧壩
昭通
會澤
賴裕新部自此渡江
屏山
敘
橫江
高
筠連
珙
長寧
興文
敘永
鎮雄
1862.9
畢節
大定
黔西
1862.
8.17
水城
郎岱
合江
綦江
南川
重慶
涪
1862.
3.4
石柱
1862.
1.17
利川
咸豐
1862.
1.2
來鳳
龍山
永綏
乾
瀘溪
仁懷
遵義
貴
州
芷江
黔陽
靖
綏寧
青林隘
1861.9.23
龍勝
1859.8.25
義寧
桂林
靈川
1852.2
永福
融
1859.9.20
1860.4.9
慶遠
(宜山)
羅城
忻城
柳
象
紅水河
雲
南
廣
上林
武鳴
遷江
賓
1861.1
思瀧
武宣
貴
桂平
1851
八月出發
金田
1851
八月
興業
橫
南寧
江

河

禹

河

山

北

東

南

河

沙丘
（平鄉）

（邯鄲）

漳水

衡

九侯

太

殷虛　相　（安陽）

濮陽

行

淇水

亳
帝丘

山

（淇）　羑里

朝歌

（汲）

耿

（溫）

敖

西亳

（曹）

亳

（湯）

商丘

商
（契）

安

若以安陽為中心，安陽至
豐鎬之距離為半徑，畫一
圓周，約略可以想像殷王
室政治勢力圈之大概。

殷繁，文化已見交融，更伯謙於
後起之周代。

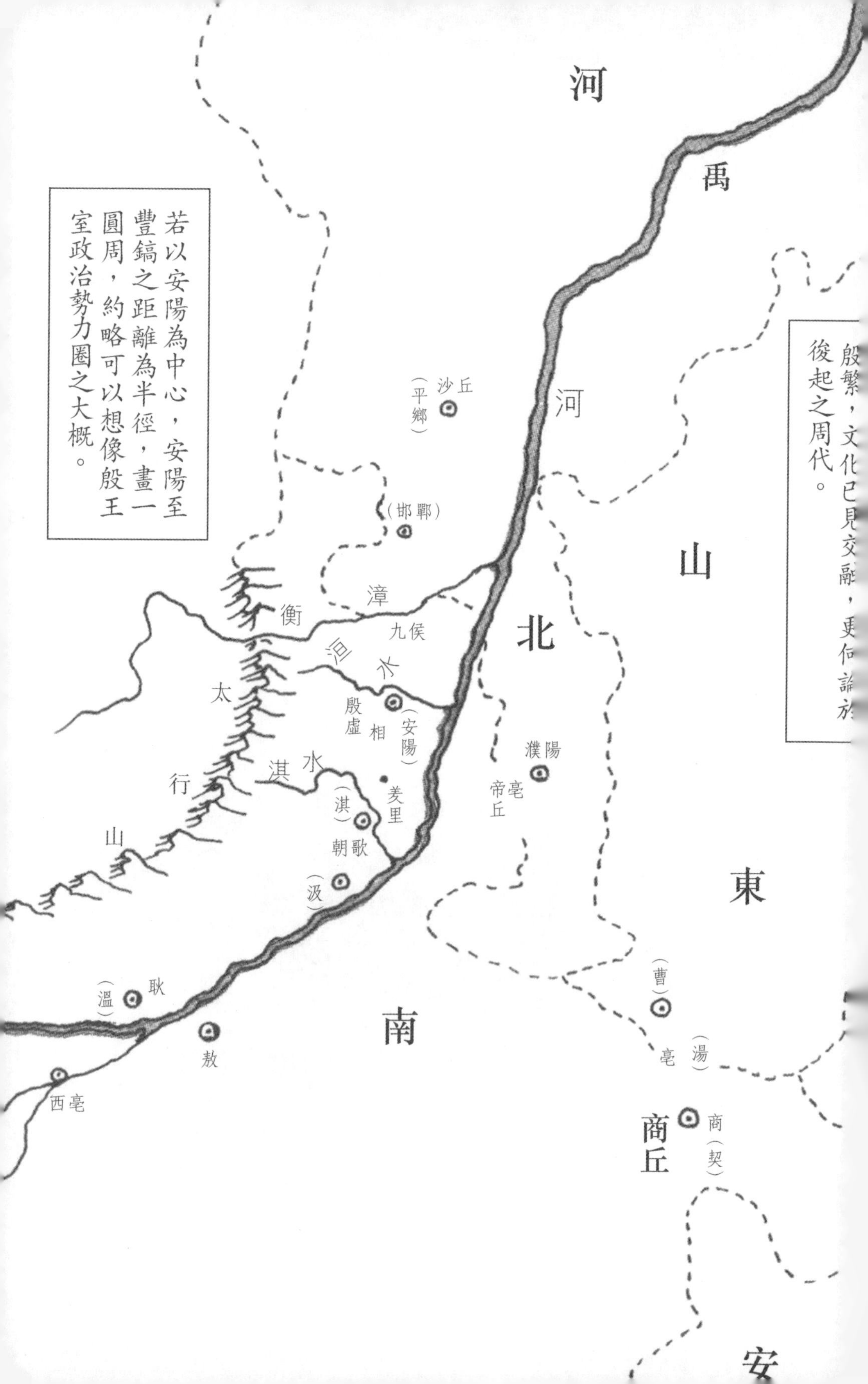

目錄